UN LEÓN ENCUBIERTO

SEBASTIAN BASTIAN

UN LEÓN ENCUBIERTO

Advantage | Books

Publicado por Advantage Books, Charleston, Carolina del Sur.
Un sello editorial de Advantage Media.

Impreso en los Estados Unidos de América.

10 9 8 7 6 5 4 3 2 1

ISBN: 979-8-89188-542-4 (tapa blanda)
ISBN: 979-8-89188-652-0 (eBook)

Número de control de la Biblioteca del Congreso: 2026906698

Diseño de portada por Lance Buckley.
Diseño de formato por Ruthie Wood.

03-10-2026 9:14

ÍNDICE

INTRODUCCIÓN

Los momentos decisivos no suelen parecer importantes mientras están ocurriendo. No hay avisos ni luces parpadeantes; solo una decisión. Una única decisión que pone todo lo demás en movimiento.

Para mí, ese momento no tuvo que ver con saber exactamente hacia dónde iba. Ni tampoco con tener todas las respuestas. Lo que me hizo más exitoso fue mi capacidad de tomar decisiones rápido y seguir adelante, y negarme a quedarme estancado.

Cuando Dios está a punto de promoverte, siempre aparecerán más problemas. Las distracciones aparecen, muchas veces de personas que detectan el destino antes de que llegues a él. Aprendí temprano a mantenerme con los pies sobre la tierra y ser fiel, porque para recibir la prosperidad que merecemos, debemos superar el proceso necesario para alcanzarla.

No nací en una familia rica. Tuve que construir mi propio camino hacia la cima. En muchos sentidos, comencé diez pasos atrás de la línea de partida, en un mundo donde las oportunidades parecían escasas y lejanas. Sin embargo, estaba dispuesto a aceptar los riesgos, avanzar antes de tener todas las respuestas y desafiar los caminos tradicionales que otros seguían sin cuestionar. Esa mentalidad me llevó a lugares que nunca imaginé. Me condujo a oportunidades que ni siquiera sabía que existían. Y a mis diecinueve años, ya era millonario.

Este libro no solo se trata de cómo llegué hasta allí.

Se trata de cómo puedes crear tu propio camino, sin importar desde dónde empieces. Se trata de ver el juego tal como es y luego, jugarlo mejor que los demás.

Más que una autobiografía: Un modelo para el éxito

Este libro no es solo una historia: es una guía estratégica para atravesar la oportunidad, el riesgo y el crecimiento. Se basa en principios demostrados, experiencias personales y los aprendizajes que me formaron en el camino. Se trata de las decisiones que rindieron frutos y los errores que casi me costaron la carrera.

El éxito no tiene que ver con ser el más inteligente, el más talentoso ni el más afortunado. Tiene que ver con la mentalidad y con reconocer oportunidades antes de que sean evidentes: saber cuándo arriesgarse y cuándo alejarse.

Frederick B. Wilcox es el autor de la siguiente frase: «El progreso siempre implica riesgo. No se puede robar la segunda base si aún tienes tu pie en la primera». La verdad es que la mayoría duda porque quiere certezas antes de actuar, pero el éxito no funciona de esa manera. Hay que moverse. Si esperas el momento indicado, nunca lo vas a encontrar.

Por qué escribo este libro

El motivo es simple: estuve en tu lugar. Sé lo que es esforzarse, sentir que el éxito está reservado para otros y lidiar con la incertidumbre de no saber qué viene después. Sé cómo es trabajar duro y aun así sentirse estancado, perseguir un objetivo que siempre parece escaparse.

También sé que no tiene por qué ser así.

Empecé desde cero, solo con ambición y disposición a asumir riesgos. Como muchos de ustedes, quería más: poder mantenerme a mí mismo y a mis seres queridos, escapar del ciclo de trabajar para subsistir y construir algo duradero. Sin embargo, no había un plan claro a seguir. El camino al éxito no se presentó ordenado frente a mí. Tuve que buscarlo, crearlo y, a veces, luchar por él.

Como crecí en las Bahamas, recuerdo que a veces nos decían que, para tener éxito, debíamos irnos del país.

Abandonar los árboles de frutas de nuestros jardines.

Abandonar el océano a pocos pasos.

Abandonar lo que llamaban «vida de isla pequeña» a cambio de la promesa de algo mejor en el exterior.

Algunos nos fuimos.

Cambiamos los cielos abiertos por ciudades abarrotadas.

Cambiamos la fruta fresca por productos envasados.

Pagamos alquileres altos por menos paz y, así y todo, nos decían que eso era el progreso.

Con el tiempo, la narrativa cambió. Las mismas personas que «lo habían logrado» empezaron a venir aquí, a comprar tierras, construir casas y convertir aquello que nos habían dicho que no tenía valor en su propia versión del paraíso.

Las mismas frutas que solíamos cosechar libremente ahora se venden en supermercados como lujos importados. La tierra que nos sugirieron abandonar ahora se está comprando y su precio se está encareciendo, volviéndose inalcanzable para las personas que crecieron en ella.

En ese momento lo entendí: nunca fuimos pobres. Nunca faltó valor. Y nunca faltaron oportunidades.

A algunos solo nos faltaba la creencia de que podíamos construir lo que aún no existía, de que podíamos crear las industrias que necesitábamos, los trabajos que soñábamos y la infraestructura que pensábamos que solo otros podían desarrollar.

No necesitábamos irnos para encontrar oportunidades. Teníamos que creer que podían construirse aquí. Nuestra cultura. Nuestra tierra. Nuestra paz. Nuestra gente. Todo eso es invaluable.

Así que sí, si tu camino te lleva al exterior, ve. Aprende, crece y amplía tu perspectiva. Yo lo hice y esos aprendizajes me acompañan todos los días. Sin embargo, te aliento a que no permitas que nadie te haga creer que el éxito solo existe en otro lugar.

Si tu camino te lleva a una gran oportunidad, aprovéchala. No te olvides que la verdadera oportunidad no siempre proviene del hecho de irse. Por lo general, surge de mirar lo que ya te rodea con nuevos ojos.

Ya sea que vivas en una ciudad pequeña, un pueblo entre montañas o una isla en el Asia-Pacífico, recuerda lo siguiente: ser un pez grande en un estanque pequeño también tiene valor. A veces, el estanque necesita a alguien lo suficientemente audaz para hacerlo más profundo.

En el camino, enfrenté obstáculos, cometí errores y me aventuré en territorios desconocidos sin guía. No había mapa ni garantías, solo la convicción de que tenía que existir una mejor manera.

Este libro es ese mapa: los aprendizajes, las estrategias y los cambios de mentalidad que transformaron mi vida. Mi objetivo no es solo contar mi historia, sino darte un punto de partida, una estrategia y el impulso que necesitas para dar tu primer paso hacia algo más grande.

El éxito no está reservado para unos pocos. Pertenece a quienes estén dispuestos a perseguirlo, construirlo y exigir más de la vida. Si no creyera eso, no hubiese escrito este libro.

No puedo prometer que alcanzar el éxito sea fácil. No lo es. Pero es posible. Hay espacio en la cima. El autobús del éxito genuino tiene asientos libres y estoy dispuesto a ayudar a que otros los ocupen. Creé negocios, generé riqueza y logré cosas que creí que estaban fuera de mi alcance. Ahora quiero mostrarte cómo puedes hacerlo también.

Si estás listo para emprender este camino conmigo, solo queda una cosa por hacer:

Pasar la página.

CAPÍTULO 1

EL HOGAR DEL FILETE DE 6,99 DÓLARES BAHAMEÑOS

Más de siete millones de personas visitan las Bahamas por año y estoy seguro de que la mayoría diría que estuvo en el paraíso.[1] ¿Por qué no lo dirían? En Nasáu, mi ciudad, las playas de arena blanca están siempre a unos pasos. La temperatura ronda los 26 ºC todo el año y casi siempre sopla una brisa suave. Los mariscos se sacan directamente del océano y se cocinan en cuestión de horas. Si han visitado las Bahamas, es fácil creer que pusieron un pie en el paraíso.

Los turistas no ven las Bahamas de la misma manera que los locales. Para nosotros, las Bahamas es simplemente nuestro hogar. Las islas son los lugares donde trabajamos, construimos nuestras vidas y relaciones, y nos lamentamos cuando ocurre algo trágico. No terminamos la jornada laboral con tragos frutales en la playa. Los bahameños no solemos ir a la playa, a menos que sea un día festivo, como el Día de la Independencia o el Día de los Héroes Nacionales. En estas celebraciones nacionales, las escuelas y la mayoría de los negocios cierran, lo que permite que la familia y los amigos se reúnan. La mayoría de los bahameños compran un balde de Kentucky Fried Chicken y se van a la playa. Estacionamos nuestros automóviles en arenas de color crema y jugamos a ser turistas por un día. Al día siguiente, todos volvemos al trabajo e intentamos sobrevivir hasta el próximo feriado. Ese es el paraíso para los bahameños. Aprovechamos pequeñas porciones de la belleza y el lujo que nos rodean cuando podemos.

Mientras crecía, en la década de 1980, mi versión del paraíso era escuchar la última campana de la escuela en junio. Salía corriendo descalzo por las calles sin asfaltar en busca de cartones de leche. Cuando juntaba suficientes, los clavaba en un poste de luz para armar un aro de básquetbol. La esquina de la calle se convertía en nuestra cancha. Si alguna vez has intentado rebotar una pelota de básquetbol en un camino de tierra y grava, sabes que no es fácil. Eso no nos detenía. Mis amigos y yo jugábamos todo el verano hasta que ya no podíamos ver por la oscuridad. Los pequeños placeres, como jugar básquetbol en calles de tierra, jugar a las canicas y hacer girar un trompo, eran lo suficientemente buenos para todas las personas de mi barrio y todos los que conocía eran felices. A lo largo de varias millas, los vecinos se conocían entre sí. Nunca faltaban niños para jugar y todos estábamos en la misma situación.

Nos emocionamos cuando, a finales de los ochenta, la ciudad asfaltó la calle frente a la casa de mi mamá. No me refiero a que la ciudad puso una capa de asfalto. Un día, mi amigo y yo estábamos jugando al básquetbol en una calle de tierra y grava. Al día siguiente, había asfalto. Un par de años más tarde, la ciudad cavó un pozo al costado de esa calle de asfalto brilloso e instaló un poste de luz. Mis amigos y yo estábamos felices porque ahora podíamos salir a jugar después de la cena.

No podíamos pasar todo el verano jugando al básquetbol, así que nos volvíamos creativos. Tengan en cuenta que crecer en la década de 1980 era tan distinto de crecer hoy, como el agua y el aceite. En ese momento, no había internet ni dispositivos portátiles. No estábamos pegados a la televisión y teníamos que usar nuestra imaginación para divertirnos. Uno de los lugares donde chocaban la imaginación y el tiempo libre era un basurero cercano que cariñosamente llamábamos la «Fosa». Si se tiraba algo más grande que una caja de pan en Nasáu, probablemente fuera a parar a la Fosa. Mis amigos y yo convertimos esos desechos en aventuras. Mi favorito era un Oldsmobile destartalado que fingíamos manejar por la ciudad. Cuando llegábamos a nuestro destino, rompíamos las cajas de cartón y nos deslizábamos por una colina empinada en la parte trasera de la Fosa.

Si bien nunca faltaban aventuras de verano, eso no significa que no hubiera cosas que no teníamos. Nunca me faltó lo básico. Mis padres siempre nos dieron lo necesario a mis hermanos y a mí, pero no sobraba mucho. Si quería un helado, golosinas u otro gusto, tenía que conseguirlo por mi cuenta. Podía ahorrar de la pequeña mesada que me daban mis padres o encontrar trabajos para ganar unas monedas. Siempre podía encontrar una caja de botellas de vidrio para llevar a la tienda y cobrar el depósito, o ir a hacer un mandado por alguien que no tenía tiempo. Ganar dinero se convirtió en una actividad creativa, al igual que jugar en la Fosa. Ese esfuerzo hacía que cada gusto que me daba supiera mejor. Ninguna barra de chocolate es más dulce que la que uno se compra con una semana de trabajo.

Mis experiencias al crecer no fueron muy distintas de las de la mayoría de los bahameños. Todos nos quedábamos detrás de la línea imaginaria que separaba a quienes tenían de quienes no tenían. En Nasáu, los hoteles y restaurantes elegantes eran símbolos de lo que era posible, no solo lugares para trabajar, sino lugares que nos inspiraban a imaginar más para nosotros mismos. Mientras los bahameños vemos a la isla como nuestro hogar, la visión turística del paraíso terminó moldeando nuestra realidad. El turismo es la industria principal de las Bahamas y afecta a casi todos los aspectos de nuestra vida y nuestra economía. Aprendemos a brindar una buena experiencia al cliente mientras trabajamos en la industria de servicios. Quien haya trabajado en ese rubro sabe que la excelente atención al cliente no es un sentimiento. Es un conjunto de habilidades basado en el profesionalismo, el orgullo y la profunda tradición cultural bahameña de la hospitalidad. Si estás en un puesto que depende de las propinas para llegar a fin de mes, siempre vas a encontrar maneras creativas de ofrecer algo extra a los clientes.

La mentalidad de «dar un poco más para recibir un poco más» está presente en todas partes en las Bahamas. Cuando la mayoría de los bahameños terminan sus trabajos diurnos, empiezan sus actividades secundarias. Algunas personas nunca dejan su actividad secundaria, que acompaña sus trabajos diarios. Conocí a un policía cuyo trabajo secundario era preparar y vender ensaladas de caracoles marinos. (Para quienes nunca visitaron las islas, los caracoles marinos son caracolas con un sabor similar al de las vieiras). Todas las mañanas antes de su turno, el policía iba a los mercados a comprar caracoles marinos frescos y productos del día. Las ensaladas de caracoles marinos siempre son diferentes entre sí, pero suelen tener una combinación de caracoles con pimiento, cebolla, tomate, cítricos y especias. Es la opción ideal para un almuerzo rápido o una cena temprana. Él llevaba las ensaladas en una conservadora y las vendía a lo largo del día.

El espíritu del «trabajo duro» siempre me rodeó y creo que es uno de los motivos por los que hoy soy quien soy. Mi mamá tenía un buen trabajo en British American Insurance, pero también tenía una actividad secundaria. Preparaba canastas de regalo para el día de San Valentín y Pascua. Estas no eran las canastas frágiles que se encuentran en las tiendas. Eran canastas bien presentadas con regalos seleccionados con mucha intención. Mucho antes de esas fechas, mi mamá viajaba a Miami para comprar los insumos. No solo buscaba artículos que no solíamos ver en las Bahamas, sino que también buscaba ofertas. Muchos productos de consumo se venden a precios altos en las islas debido a que el costo del transporte es muy alto. Mi mamá se convirtió en su propia proveedora y traía a casa todo lo que necesitaba para sus canastas.

Una vez la acompañé en uno de sus viajes de compras y vi algo que jamás había visto. En un centro comercial de Miami, había una tienda que personalizaba sombreros bordados en el momento. Hacías tu pedido y, casi tan rápido como pedir una Big Mac, recibías tu sombrero personalizado. Mi mamá vio lo fascinado que estaba y me compró un sombrero con mi apodo bordado, Romello. Me sentía tan orgulloso que lo llevaba a todos lados. No pasó mucho tiempo hasta que mis compañeros me preguntaron dónde había conseguido el sombrero y si ellos también podían tener uno. Las semillas del trabajo duro empezaban a dar sus frutos. Comencé a tomar pedidos de sombreros personalizados. La siguiente vez que mi mamá viajó a Miami, fui con ella para cumplir con los encargos.

El trabajo secundario más importante que presencié fue el de mi papá. Cuando era joven, el trabajo diurno de mi papá era como contador en el Winn-Dixie local. Se sentaba en una oficina pequeña, rodeado de libros contables y facturas, y se aseguraba de que todo coincidiera como debía. No era el trabajo más emocionante de las Bahamas, pero le permitía varias cosas a mi papá. En primer lugar, obtenía un descuento importante de empleado para las compras. Eso significaba que podía alimentar fácilmente a sus familias. Digo familias porque mis padres se separaron cuando yo tenía dos años. Ambos se volvieron a casar y formaron nuevas familias con sus nuevos cónyuges. Para darles crédito a mis padres, no importaba qué hijastro o medio hermano estuviera en la casa de quién, a todos se los trataba como si pertenecieran. Ese sentimiento de familia y comunidad me marcó profundamente mientras crecía. Nunca tuve dudas de que era amado y siempre había alguien alrededor con quien podía contar.

Mi padre, conocido como Smiley (Sonrisa) por todos en el barrio, tenía a muchas personas que dependían de él y debía ser creativo para que todo funcionara. Por suerte, mi papá era un empresario con mucho talento. Sabía que, para ser exitoso, debía manejar sus finanzas personales igual que un negocio. Aprovechar los recursos que ya tenía antes de comprar algo más, buscar formas de aumentar los márgenes de ganancias y crear múltiples fuentes de ingresos formaban parte de la estrategia de mi padre. No alcanzó el éxito de la noche a la mañana, ni siquiera con un gran plan. Mi padre quería triunfar en el negocio de la vida y buscaba oportunidades para que eso sucediera. Trabajó muy duro para lograr esos objetivos y así fue cómo lo hizo.

Mientras trabajaba en Winn-Dixie, mi padre se abrió camino en el mercado local de licores y abrió un bar mayorista de bebidas. (Para los lectores de los

Estados Unidos, sería el equivalente a una licorería). Utilizó su experiencia de compras al por mayor que había desarrollado en Winn-Dixie, junto con la red de socios comerciales con quienes había construido relaciones a lo largo de los años, quienes se convirtieron en clientes o proveedores.

Una vez que el bar mayorista de licores estaba funcionando, era hora de fusionar ese recurso con uno de sus activos intangibles para crear un negocio nuevo. Mi padre tenía un amor profundo por la cocina. Había aprendido a cocinar desde chico y era quien preparaba la comida para él y sus hermanos. Resultó que tenía un talento natural para la cocina. Entre sus habilidades y no querer recibir burlas de sus hermanos porque la comida tuviera feo sabor, mi padre desarrolló muy buenas habilidades culinarias. Decidió abrir un restaurante, donde combinó su pasión por la cocina con el negocio de bebidas.

Así nació el restaurante de mi papá: Smiley's. Cuando alguien le pone su propio nombre a un negocio, le da una participación mucho más personal. Si denominas al restaurante «El saltamontes» y este fracasa, es más fácil que las personas se olviden rápido de que estaba relacionado contigo. Sin embargo, cuando está tu nombre en el cartel, no hay forma de esconderse. Debes ofrecer un buen producto y un buen servicio a los clientes. Si no lo haces, tus clientes sabrán exactamente a quién culpar.

A pesar de que mi padre puso en juego su reputación, aún quedaban algunos obstáculos por superar para que Smiley's pudiera triunfar. Más allá de la ventaja de la ganancia con el alcohol, nada en Smiley's debería haber funcionado. Era un espacio de unos 150 pies cuadrados en un edificio sencillo, en un barrio del centro. No me refiero a uno de esos barrios emergentes en proceso de gentrificación. Smiley's estaba en uno de esos barrios que generalmente pasan desapercibidos. El restaurante tenía mesas adentro y afuera, pero no estaba ubicado frente al mar ni tenía vistas panorámicas. Smiley's tenía unas pocas mesas, un bar, un tocadiscos y una sola mesa de pool. Esto es todo lo que Smiley's tenía para ofrecer a sus clientes. En teoría, nada diferenciaba a Smiley's de otros cien restaurantes de barrio en Nasáu, salvo por una cosa: Smiley.

Al igual que la ubicación y la estructura del restaurante, Smiley desafiaba toda lógica. Mi padre no era uno de esos dueños que creía que tenía que hacerlo todo. Smiley's siempre contaba con una mesera, un barman y un par de cocineros. Mi papá podía ayudar si alguna de las áreas se retrasaba, pero su función principal era la hospitalidad. Todavía no entiendo cómo lo hizo. Mi padre es una de las personas más calladas y, al mismo tiempo, más sociables y queridas que he conocido. Por lo general, en un bar o restaurante, las personas se sentían atraídas por dueños con personalidades grandilocuentes y extravagantes. Mi papá era exactamente lo contrario. Tenía el talento de hacer que cualquiera que entrara al restaurante se sintiera parte. No era un político silencioso que sabía cómo endulzar oídos ni una personalidad televisiva. Era simplemente Smiley, pero de alguna forma era un nombre muy conocido. Todos conocían a Smiley y todos lo querían.

Ese carisma tranquilo de mi padre ayudó a que Smiley's alcanzara un estatus que muchos restaurantes desean: ser tanto un producto básico de barrio como un destino para el resto de la isla. En todo momento, podías entrar al restaurante y ver una amplia selección de la sociedad de Nasáu. Un funcionario del gobierno podría estar sentado al lado de un soldador mientras miraban deportes en uno de los televisores del bar. Una pareja de jubilados del barrio podría estar acurrucada en una mesa de la esquina jugando dominó y solucionando los problemas del mundo junto a un policía. Un abogado podría escaparse a tomar unos tragos con su amante antes de cruzar la ciudad para cenar con su esposa. Los rivales comerciales se saludaban con incomodidad mientras pedían hamburguesas.

No todos venían a Smiley's por la personalidad de mi padre. Muchos clientes venían porque él era un genio del marketing. Smiley's tenía una promoción todos los sábados, cuando mi padre encendía la parrilla y vendía filetes por 6,99 dólares bahameños. Incluso, a finales de los 80 y principios de los 90, un filete a 6,99 dólares bahameños era posiblemente el más barato que se podía encontrar en la isla. Era todo un desafío sacar una ganancia de un corte vendido a ese precio. Muchos emprendedores habrían resuelto el problema ofreciendo un corte de carne de calidad inferior, pero no Smiley.

Mi padre utilizó los recursos que tenía para asegurarse de que Smiley's sirviera un producto de buena calidad. ¿Te acuerdas de ese generoso descuento de empleado que mi padre recibía por trabajar en Winn-Dixie? Empezó comprando todos los filetes de su empleador. Era una ecuación en la que todos ganaban. Los clientes recibían el corte más prestigioso del menú de Smiley's a un precio increíble. Winn-Dixie obtenía una pequeña ganancia por la venta de los filetes y Smiley's se convirtió en el hogar del famoso filete de 6,99 dólares bahameños.

El precio no era lo único que atraía clientes a Smiley's los sábados. Juro que, cuando esos filetes se cocinaban, se podían oler desde cualquier parte de Nasáu. Casi todos los sábados desde mis siete años, estuve cubierto en salsa y humo de parrilla por ayudar a mi padre. Es difícil recordar cómo mi padre me enseñó el negocio de la parrilla de tan joven. Estoy seguro de que al principio me ponía a hacer cosas pequeñas, como buscar provisiones o llevarles los platos a los clientes. Seguro recibí las advertencias habituales de cualquier adulto de prestar atención a lo que sucedía a mi alrededor, mirar y aprender.

Una de las cosas que me enseñó mi padre fue a preparar la salsa secreta de barbacoa para los filetes. No era un gran misterio, pero nuestros clientes no lo sabían. La mezcla especial de Smiley's combinaba salsas comerciales disponibles con algunas especias para darle un toque distintivo. Mi padre trataba esa receta como si fueran las once hierbas y especias del Coronel de Kentucky Fried Chicken. La compartió solo conmigo y con unas pocas personas que trabajaban en el restaurante. La salsa secreta no parecía ser la clave del éxito de Smiley's. El mundo de la gastronomía está lleno de recetas mágicas internas que destacan a un restaurante de sus competidores. La salsa secreta no era solo para los clientes. Sí, un poco de misterio sobre la salsa hacía que los clientes sintieran que estaban recibiendo más que un filete barato. Sin embargo, el efecto principal de la salsa secreta era sobre el personal del restaurante, quienes conocían la receta.

Puede sonar sentimental, pero cuando un dueño les confía a sus empleados un conocimiento interno (sin importar qué tan insignificante sea), esa información crea un vínculo con el negocio. Ese cocinero de línea ya no es solo la persona que transpira en la cocina y vuelve a su hogar cubierto de grasa. Un cocinero de línea que conoce la receta secreta de la salsa es un guardián del negocio y alguien en quien se puede confiar. Cuando las personas sienten que se puede confiar en ellos, también se sienten valorados. Un empleado valorado que cree en el negocio no será un buen empleado, será un excelente empleado.

Mi padre me confió más que solo la receta secreta de la salsa. Empezó a darme más responsabilidades cada sábado. Una de mis tareas era enrollar los cubiertos de plástico en servilletas. Extendía la servilleta de papel, colocaba un cuchillo y un tenedor en la servilleta, los enrollaba y luego colocaba un aro de papel alrededor para que no se desarmara. Por aburrida que resulte esa última oración, era cinco veces peor hacerlo. No había nada más tortuoso para un niño de siete años que pasar un sábado haciendo una tarea repetitiva que parecía no tener fin.

Un sábado, llegué al restaurante con lo que creí que sería una innovación revolucionara para Smiley's. Había conseguido de algún lugar un juego individual de cubiertos y servilletas ya prearmados. Sentía que había encontrado el Santo Grial. Se lo mostré a mi padre con el discurso de que, si teníamos nuestros cubiertos de esa forma, me ahorraría tiempo para hacer otras tareas. Creo que mi padre entendió perfectamente lo que estaba haciendo: estaba intentando escapar de una tarea tediosa. En lugar de reprenderme por intentar eludir esta tarea, mi padre lo convirtió en un momento de enseñanza.

No creo haber entendido lo que era ser un contador hasta ese momento. Mi padre me pidió que esperara y trajo el catálogo de suministros del restaurante. Me mostró los costos de comprar y armar los paquetes de utensilios nosotros mismos en lugar de comprar los preempaquetados. Incluso, a esa edad temprana, entendí que el ahorro era lo suficientemente importante como para no cuestionar nunca más sus decisiones comerciales.

No todas las prácticas comerciales de mi padre estaban guiadas por el ahorro. En algunas áreas del negocio, debía decidir entre calidad y precio. Mi padre no estaba dispuesto a escatimar con la calidad de los filetes de 6,99 dólares bahameños ni su preparación. Todos los sábados, me mandaba a una tienda a unas cuadras de distancia para conseguir carbón de Haití, conocido en las Bahamas como carbón haitiano, para la parrilla. Lo mezclaba con corteza de cedro antes de encender la parrilla. Podría haber comprado bolsas del mismo carbón que todos usaban para cocinar a la parrilla en el negocio de la esquina, más cómodo y barato que la mezcla de carbón haitiano y corteza de cedro. No entendía por qué un hombre que ahorraba unos dólares en cubiertos se empeñaba tanto en gastar más en carbón y cedro. La respuesta era la calidad.

El carbón haitiano suele provenir de árboles frutales que han muerto o ya no producen fruta de calidad. La savia de esos tipos de árboles suele ser dulce y queda atrapada en la madera en el proceso de carga. Esos aceites, junto con el aroma del cedro, se liberan cuando se quema la mezcla. Una vez encendido el carbón haitiano en la parrilla, el fuego puede durar todo el día. El fuego era lo suficientemente caliente como para sellar el sabor del filete, pero no tan caliente como para quemarlo. Cada filete que salía de la parrilla tenía un sabor único que no se podía replicar en otro lugar que no fuera Smiley's, a pesar del precio.

La calidad y el precio de los filetes de los sábados atraían clientes, pero no generaban ganancias. Las fuentes de ingreso de los sábados eran las ventas de alcohol y los acompañamientos. Un almuerzo de filete no está completo sin una papa horneada o una mazorca de maíz. Otra de mis tareas de los sábados era llenar dos ollas enormes con agua y ponerlas a hervir. Cuando comencé a ayudar a mi padre los sábados, esa olla era la mitad de mi tamaño. Necesitaba que alguien me ayudara a instalar un quemador afuera y levantar la olla para colocarla sobre el fuego. A medida que el agua se calentaba, comenzaba a envolver papas en papel aluminio y las dejaba caer en la olla. Eso era peor que enrollar cubiertos. El aluminio me raspaba las yemas de los dedos casi hasta dejarlas en carne viva, hasta que la piel se me endureció con el tiempo. Después de preparar las papas, preparaba las mazorcas de maíz para la siguiente olla. Le colocaba un poco de azúcar y manteca a la mezcla en la olla de maíz para destacar el dulzor natural del maíz.

No recuerdo cuánto tardó, pero en algún momento, cuando tenía siete años, mi padre me puso detrás de la parrilla. Imaginen entrar a un restaurante y encontrarse a un niño que estaba aprendiendo las tablas de multiplicar haciendo los mejores filetes a la parrilla que hayas probado. Sin excepción, algunos abogados y empresarios de alto poder que venían los sábados se ponían a hablar conmigo mientras cocinaba. Todos sabían que era el hijo de Smiley y les gustaba alentarme. Yo no sabía quién era cada uno de estos hombres, pero hablaba con ellos todo lo que podía. No lo entendía en ese momento, pero estaba recibiendo un curso acelerado sobre cómo generar conexiones. Algunos de esos mismos hombres que venían a Smiley's y hablaban conmigo mientras cocinaba los filetes serían luego clientes con los que haría negocios durante mis 20 y 30 años.

Smiley's no solo era un lugar donde las personas iban a comer. Era un lugar donde se cerraban acuerdos, se formaban vínculos y se repetían rutinas. Una de esas rutinas ocurría como un reloj. Un corredor de apuestas local hacía su recorrido, pasando de mesa en mesa, y anotaba discretamente las apuestas con una pequeña libreta en la mano. Era tan natural y tan fluido que parecía una transacción más.

El juego de números era popular entre algunos locales. Para muchos, el juego de números no era un gasto imprudente. Era un ritual diario, un acto silencioso de esperanza, la creencia de que, con el toque justo de suerte, ese podía ser el día en que todo cambiaría.

En ese momento, no pensaba demasiado en eso. Sin embargo, en retrospectiva, me doy cuenta de que estaba presenciando algo mucho más grande que unas simples apuestas casuales. Estaba viendo un sistema en funcionamiento en tiempo real, uno basado en la probabilidad, el riesgo y el comportamiento humano. En ese entonces no lo sabía, pero esos momentos estaban formando mi comprensión sobre la oportunidad, la toma de decisiones y la psicología del riesgo y la recompensa. Esas lecciones luego tendrían un papel mucho más importante en mi vida de lo que podría haber imaginado.

Durante los próximos seis años, pasé mis sábados detrás de la parrilla de Smiley's hablando con esos clientes habituales. Su mayor curiosidad era qué estaba sacrificando yo al pasar todos mis sábados allí. Me perdía la mayoría de las actividades de fin de semana que realizaban los demás niños. Para mí, no había salidas a nadar, partidos improvisados o fiestas de cumpleaños los sábados. Solo envolvía papas y cubiertos, y luego me quemaba los nudillos en la parrilla. No me solía molestar tener que trabajar en Smiley's. Hubo algunas fiestas de cumpleaños o partidos de básquetbol que me molestó haberme perdido, pero, por lo general, estaba contento de ayudar. Los sábados ganaba un poco de dinero para mis gastos y eso hacía que perderme lo demás fuera un poco más fácil.

Cuando cumplí trece años, mi padre me hizo una oferta. Me dijo que podía hacerme cargo del negocio de los filetes los sábados y quedarme con todas las ganancias si quería. Tenía que organizar todo por mi cuenta. Eso significaba comprar todo lo necesario para el negocio de los sábados con mi propio dinero y tomar todas las decisiones yo solo. ¿Cómo podía dejar pasar una oportunidad así? La mayoría de mis amigos no eran lo suficientemente grandes como para conseguir trabajos a tiempo parcial y a mí me estaban dando un negocio entero para manejar como considerara mejor. Acepté la oferta de mi padre.

El sábado siguiente por la mañana, hice lo mismo que había hecho los últimos años. Hice el inventario de mis suministros y empecé a preparar las tareas del día. No había nada diferente en el proceso, pero me sentía distinto. Estaba a cargo y eso lo cambiaba todo. Recuerdo que en esos primeros días pasaba horas revisando catálogos de suministros y comparando precios en los supermercados para tratar de conseguir las mejores ofertas. Siempre trataba de conseguir el mejor precio por unidad de todos los suministros que compraba. Eso significaba una inversión inicial mayor para aumentar las ganancias. A veces, pasaba semanas sin comprar cosas que quería para poder volver a invertir en mi negocio. La dedicación y la disciplina hacen que un trabajo sea rentable, y el mío lo era.

Seguí trabajando en la parrilla hasta la secundaria. Todos los sábados, desde mediados hasta finales de la década de 1990, ganaba entre 300 y 400 dólares bahameños. Hoy en día, eso equivaldría a unos 600 a 800 dólares bahameños por semana, o alrededor de 36 400 dólares bahameños al año por trabajar solo un día a la semana.[2] Si lo hubiera sabido, debería haberme sentido tentado de trabajar en la parrilla los sábados por el resto de mi vida. Podría haber vivido en la casa de mi madre sin preocupaciones. Con un trabajo a tiempo parcial que me brindara un seguro, podría haber tenido una linda vida independiente con esos dos ingresos. Si hubiese tenido un trabajo profesional tradicional de 9 a 5 además del negocio de los sábados, me podría haber ido mejor que a la mayoría.

Mi camino me llevó a que me vaya mucho mejor que a la mayoría. No creo que hubiera llegado adonde estoy hoy en día sin el ejemplo de mis padres y sin los ingresos de la parrilla de los sábados. Esta es la cuestión sobre el trabajo duro: debes seguir avanzando para que valga la pena. Eso significa que no puedes considerar que poner en marcha un negocio secundario sea el destino: cada negocio debe complementar a otro o impulsar uno aún más grande. En mi caso, utilicé el dinero de los sábados para poder comprar partes de computadoras y armar computadoras personales (PC) para vender. Hablaremos de cómo entré en el mundo de la tecnología y de mis otros trabajos secundarios en el capítulo 3.

En el próximo capítulo, tomaré las lecciones que aprendí en la parrilla de los sábados y las convertiré en pasos prácticos para que puedas poner en marcha tu propio negocio. Antes de leer el próximo capítulo, debes hacerte una promesa sobre algo que no puedo enseñarte. No importa cuántas historias cuente, no puedo darte el deseo de hacer las cosas difíciles necesarias para tener éxito. Ese deseo debe venir de ti mismo. Tú eres quien debe perder horas de sueño, eventos sociales y lujos hoy en día para que tu negocio secundario sea rentable el día de mañana. Si te sirve, escribe ese compromiso y míralo cuando sientas que tu determinación empieza a flaquear. Después de hacerte esa promesa a ti mismo, pasa al próximo capítulo.

Solo recuerda que puedes leer todos los libros que quieras, pero sin la voluntad de triunfar, será una pérdida de tiempo. Cuando las personas a mi alrededor me preguntan: «¿Por qué siempre estás trabajando?», sonrío y les digo: «Porque ustedes no lo quieren tanto como yo».

CAPÍTULO 2

CÓMO CONVERTIRSE EN UN LEÓN: ELEGIR UNA OPORTUNIDAD

Ahora que te comprometiste, es hora de aprender a convertirse en un león. Cada uno de los capítulos «Cómo convertirse en un león» de este libro ofrece ejemplos prácticos que puedes utilizar para diseñar tu propio camino hacia el éxito. Las habilidades y filosofías presentadas en estos capítulos se basan en la historia de mi vida que conté en el capítulo anterior. De esa manera, se puede ver cómo la teoría y las experiencias reales se fusionan para alcanzar tus metas.

Este primer capítulo de «Cómo convertirse en un león» se centra en elegir una oportunidad de negocio. En el capítulo anterior, analicé cómo mi padre evaluó las oportunidades de abrir una licorería mayorista y un restaurante. Incluso apliqué algunas habilidades básicas de evaluación cuando manejé el negocio de los filetes de los sábados. Ni mi padre ni yo aprovechamos esas oportunidades por impulso. Dada la trayectoria contable de mi papá, estoy seguro de que analizó los costos iniciales, las proyecciones de ventas y una docena de métricas más antes de iniciar esos emprendimientos. Yo tuve que decidir si tener un ingreso estable en la parrilla de los sábados era lo suficientemente importante como para renunciar a mi libertad de fin de semana como niño.

Esas son grandes historias de emprendimiento, pero no te dan una guía paso a paso para encontrar tu propia oportunidad.

Este capítulo llena esos vacíos de las historias y presenta un marco para crear oportunidades de negocio que encajen con tus objetivos, intereses y personalidad. A lo largo de mis años de éxito, desarrollé una guía de cuatro pasos que puede servirle a quienes estén buscando empezar un proyecto empresarial de cualquier tamaño. Como cualquier guía, estos cuatro pasos no contemplan circunstancias eventuales ni individuales. Siéntete libre de adaptarlos según tus necesidades. Recuerda que los principios básicos funcionan sin importar el tamaño o el tipo de negocio que quieras iniciar.

Además, sé flexible cuando utilices este modelo. El proceso está diseñado para ayudarte a descubrir los tipos de negocios que se adecúan a tus habilidades e intereses. Al principio del proceso, puede que encuentres un modelo de negocios que te resuene y nunca hayas tenido en cuenta. No tengas miedo de cambiar de rumbo y comenzar de nuevo con un modelo distinto.

Te doy una advertencia antes de avanzar. Las oportunidades de negocio que se analizan en este capítulo siguen un camino distinto al que suele promocionarse en redes sociales. Si bien esos enfoques funcionan para algunas personas, lo que comparto aquí crea valor a largo plazo y escalabilidad. Recuerda que, si suena demasiado bueno para ser verdad, probablemente lo sea.

Paso uno: Definir el éxito

Antes de empezar a pensar en elegir una oportunidad, primero debes pensar qué significa el éxito para ti. El éxito es distinto para cada persona. Mi objetivo personal es nunca sentir la necesidad de tomarme vacaciones, sino crear una vida de la que nunca necesite un descanso. Tus objetivos pueden ser diferentes. Quizás quieras generar algunos cientos de dólares extra por semana para tu fondo de jubilación o vacaciones. Otra persona puede ver el éxito como empezar un trabajo secundario que pueda convertir en un negocio a tiempo completo.

Otros quizás tengan en mente volverse multimillonarios. No hay nada malo en ninguna de estas definiciones de éxito. Lo que sí estaría mal es nunca aclarar qué significa el éxito para ti.

Piensa en lo que pasaría si no defines el éxito, como cuando alguien simplemente decide irse de viaje. Eso es todo. Nunca llegarás más lejos en tus planes que decir «quiero viajar». Sin un destino, no puedes comprar boletos de avión ni saber qué empacar. Imagínate preparar la valija para ir solo a las Bahamas y descubrir que tu destino es Islandia. La pasarías mal todo el viaje y la experiencia se arruinaría.

Irse de viaje sin un destino parece un ejemplo extremo, pero no está tan lejos de cómo muchas personas establecen sus objetivos de vida. En mi experiencia, muchas personas no saben qué quieren hacer. Muchos adultos jóvenes y graduados universitarios con los que trabajo terminan replicando la trayectoria profesional de sus padres o aferrándose a un sueño de la infancia. ¿Cuántas personas persiguen carreras, como medicina o ingeniería, no solo por un interés genuino en el campo, sino por un sueño de hace mucho tiempo? ¿Quizás se siguen repitiendo a sí mismos y a sus amigos que querían ser médicos? Esa repetición constante creó un deseo artificial de perseguir una carrera en medicina. Para muchos jóvenes, llega un punto en que cambiar de rumbo profesional les da vergüenza.

Avergonzarse de cambiar el camino profesional solo empeora al entrar a la universidad. Cada año, la deuda de matrícula crece. Si cambias de especialidad, deberás tomar más clases. Eso significa endeudarse aún más. La única forma de avanzar sin adeudarse cada vez más es seguir con tu especialidad, encontrar un trabajo después de graduarse y pagar la deuda. Tal vez ese no sea el escenario exacto de todos los estudiantes universitarios, pero sí existe una desconexión entre la carrera principal que estudian y las elecciones profesionales. Solo el 46 % de los graduados universitarios trabaja en algo relacionado con su carrera.[3] Esa cifra me indica que muchas personas deben replantear sus objetivos.

A medida que te embarcas en definir tu éxito emprendedor, es fundamental abandonar las creencias obsoletas sobre los logros individuales. Esta es tu oportunidad para aprender de tus errores pasados y comienzos fallidos. Puedes fijar el objetivo que quieras para tu vidas. No pienses en las limitaciones de tu familia, finanzas o carrera. Definir estos objetivos no se trata de lo que puedes lograr hoy con tus circunstancias actuales. Este ejercicio se trata de descubrir en qué quieres convertirse y cómo llegar a eso.

Escribe algunos puntos o un párrafo sobre cómo te gustaría que sea tu vida en cinco años. Esa declaración de objetivos de vida puede ser tan simple como la siguiente: «En los próximos cinco años, me gustaría pagar mis deudas de estudiante y del auto. Quiero ahorrar para el pago inicial de una casa. Quiero encontrar un trabajo que me haga feliz». Si tus ingresos o tu camino profesional no acompañan esos objetivos, es momento de buscar un trabajo secundario o una oportunidad empresarial en la que puedas ir creciendo hasta convertirse en una carrera.

Muchas personas persiguen el éxito en términos de dólares y centavos, y creen que un sueldo más alto equivale a más libertad. La libertad financiera no se trata de cuánto dinero ganas. Se trata de cuánto tiempo puedes vivir sin intercambiar tu tiempo por dinero. Puedes tener un millón de dólares y aun así terminar en bancarrota en un par de años si tus gastos superan tus ingresos. La verdadera libertad financiera ocurre cuando tus ingresos pasivos superan tu tasa de consumo. El ingreso pasivo es el dinero que recibes de activos, inversiones o negocios que no requieren tu presencia constante. La tasa de consumo es cuánto te cuesta vivir: tus facturas, estilo de vida y obligaciones. Si todo tu ingreso proviene de un empleo, pregúntate a ti mismo: ¿Qué sucedería si ese trabajo desapareciera? Construir una seguridad que sobreviva más allá de tu empleo significa crear múltiples fuentes de ingresos que, con el tiempo, superen tus gastos. Cuando el dinero trabaja para ti, obtienes el poder de decidir si quieres trabajar o no por él.

No importa cuál sea tu definición de éxito: lo importante es tener un objetivo claro. No puedes diseñar un plan razonable sin ese objetivo. Dado que estás leyendo este libro, supongo que tu plan incluirá crear un negocio propio. Esa oportunidad no tiene que ser enorme, como abrir un restaurante tradicional como Smiley's. Tus aspiraciones pueden ser pequeñas como el trabajo secundario de mi madre, que hacía canastas de regalo. El siguiente paso, «¿Cuál es tu interés general?», te ayudará a identificar el tipo de oportunidad empresarial adecuada para ti, aunque no definirá la escala del negocio. Ahí es donde entran en juego tus objetivos. Si tu objetivo es ser millonario en los próximos cinco años, tu plan para lograrlo no será tener un segundo empleo en un local de comida rápida. Asegúrate de que, mientras avances con los otros pasos, siempre mantengas tu definición de éxito como tu Estrella del Norte.

Una cosa más sobre tu definición del éxito: puede y va a cambiar. A medida que empieces a alcanzar tus objetivos, es hora de establecer nuevos. Mi objetivo cuando me hice cargo de la parrilla de los sábados era juntar algo de dinero. ¿Qué habría sucedido si me hubiese quedado solo con ese objetivo y no hubiese creado otro nuevo? Como mencioné antes, tener un trabajo de nueve a cinco bien pago y el negocio de la parrilla hubiese sido fácil. Vivir cómodo en la clase media no era mi definición de éxito. Quería construir algo más grande que yo mismo. No sé si en ese momento pensé que llegaría a ser rico, pero sí sabía que podía hacer más que solo la parrilla de los sábados. Que alcanzar tus objetivos sea una señal de que es hora de cambiar, no de quedarse celebrando. Si tienes problemas para identificar oportunidades nuevas o presentes, el próximo paso te ayudará.

Paso dos: ¿Cuál es tu interés general?

Siempre soy precavido con las personas que hablan de monetizar su pasión como parte de su plan de éxito. Las pasiones cambian a medida que crecemos y ganamos experiencia de vida. Tu pasión tal vez no pueda convertirse fácilmente en una oportunidad de negocio o quizás aún no sepas cuál es tu pasión.

Cualquiera de esas dos situaciones está bien y no afectará tus posibilidades de tener éxito. Estoy por decir algo que contradice casi todo lo que alguna vez escuchaste sobre el éxito. No necesitas tener una pasión para ser exitoso. En muchos casos, tener una pasión puede ser perjudicial al momento de evaluar una oportunidad.

Cuando somos apasionados por algo, solemos enfocarnos demasiado en una sola cosa. ¿Qué pasaría si te preguntara cuál es tu pasión y tú respondieras: «el arte»? Diría que el arte no es tu pasión, sino tu interés general. Puedes ser apasionado por pintar con acuarelas o hacer cerámica, pero eso es muy distinto a ser apasionado por todo lo que es arte. La diferencia entre pasión e interés general se vuelve importante cuando analizas oportunidades de negocio. Buscar oportunidades que estén dentro de tus pasiones puede limitar tu capacidad de pensar ampliamente para nuestro siguiente ejercicio.

Lo que quiero que hagas es tomar una hoja de papel y enumerar todas las cosas en las que sos bueno. Me refiero a habilidades que te resultan intuitivas y que disfrutas. No te estreses sobre tu nivel de dominio al hacer esta lista. Después, quiero que anotes industrias o los tipos de trabajo que siempre consideraste divertidos o interesantes.

Tu lista debería verse de la manera siguiente:

Habilidades:

- Conducir botes pequeños
- Fotografía
- Carpintería
- Cocina
- Jardinería

Industrias/trabajos:

- Hospitalidad
- Navegación

- Agricultura

Cuando termines la lista, revísala y piensa en ideas de negocio que surjan de cruzar esos conceptos. Por ejemplo, de la lista anterior, aquí hay algunos caminos emprendedores que surgen de esas combinaciones:

- Recorridos en embarcaciones alquiladas
- Sesiones fotográficas en el agua o lugares remotos
- Recuerdos, juguetes o modelos náuticos de madera hechos a mano
- Comidas gourmet con verduras y hierbas cultivadas en casa, ofrecidas a empresas de alquiler de embarcaciones

Lleva tu imaginación tan lejos como puedas al convertir tus habilidades e intereses en ideas de negocio. No todas las ideas deben ser una oportunidad de negocio viable. Nunca se sabe qué inspiración puede surgir de una mala idea, así que anota todo lo que piensas en la lista. Cuando hayas agotado todas las posibilidades, deja descansar la lista por un día y separa las buenas ideas de las malas. Revisar la lista después de dormir te dará una perspectiva nueva.

Una vez que filtraste la lista, vuelve a analizar las buenas ideas. Elije la única idea de esa lista que puede permitirte alcanzar tu definición de éxito y además te resulte la más interesante. Si nada de esa lista cumple con esos criterios, deja todo por hoy y retoma el proceso mañana. Tendrás nuevas e incluso mejores ideas. Si piensas en una oportunidad, no te preocupes aún por su viabilidad. En el próximo paso, analizarás si puedes convertir esa idea en un negocio.

Paso tres: Las cuatro preguntas

Quienes han empezado un negocio exitoso se formularon las preguntas siguientes:

- ¿Qué problema intento resolver?

- ¿Existe una demanda para mi producto o servicio?
- ¿Quiénes serán mis clientes?
- ¿Cómo determino el precio que el mercado aceptará para mi producto o servicio?

Resolver un problema es tan sencillo como suena. Un negocio obtiene el equipamiento, el personal y el conocimiento necesarios para solucionar ese problema y les cobra a los clientes por esa comodidad. Todos los negocios, desde cuidar niños hasta fabricar aviones, siguen la misma fórmula de resolución de problemas. Por ejemplo, las empresas de telecomunicaciones resuelven el problema: «¿Cómo puedo hablar con alguien a larga distancia?». Las empresas de logística responden a la pregunta: «¿Cómo consigo que algo llegue del punto A al punto B?». Incluso las cafeterías existen para resolver el dilema: «¿Cómo voy a sobrevivir al lunes por la mañana?». Cada modelo de negocios te cobra por utilizar sus sistemas para resolver ese problema. En los ejemplos anteriores, se alquila de manera eficaz a las personas que saben operar torres de telefonía celulares, camiones o máquinas de café para cubrir tus necesidades.

Respondamos la pregunta «¿Qué problema estoy resolviendo?» con una de las oportunidades de interés general mencionadas en la sección anterior: ofrecer recorridos en embarcaciones alquiladas. Primero, hay que pensar en el problema que estás resolviendo con los recorridos en embarcaciones alquiladas en el sentido más amplio posible. Podemos comenzar con: «¿Cómo puedo brindarles a las personas un acceso seguro al océano?». Ese es un problema real: no todos tienen acceso a una embarcación o cuentan con la experiencia necesaria para navegar. Como potencial emprendedor, esa pregunta también te da un desafío a resolver. Deberás averiguar cómo reunir el equipamiento, el personal y el conocimiento necesarios para solucionar el problema. En este caso, supongamos que tu padre te enseñó a navegar cuando eras joven y te dejó una embarcación. Es probable que necesites realizarle mantenimiento y comprar equipos de seguridad y navegación, pero ya tienes la herramienta básica para iniciar un negocio de alquiler.

Eso nos lleva a la segunda gran pregunta: ¿Cuál es la demanda para mi producto o servicio? Evaluar la demanda para un negocio implica analizar la competencia y determinar si suficientes personas están dispuestas a pagar por tus productos o servicios para que el negocio sea rentable. Muchas veces hay minas de oro en las brechas de los mercados. Conviene buscar oportunidades o nichos descuidados en el mercado que puedan convertirse en negocios rentables. Si encuentras un público «hambriento» con dinero en un área con poca oferta, tendrás altas probabilidades de éxito.

El primer paso es observar quién de tu zona o mercado ofrece los mismos productos o servicios que tú. En el caso del servicio de alquiler de embarcaciones, podrías empezar buscando cuántas empresas existen en la zona y si esos competidores se especializan en algo en particular. Si encuentras 25 servicios de embarcaciones de alquiler en el lado oeste de la isla que ofrecen cruceros al atardecer, seguramente convenga evitar ese tipo de excursiones. Cuando un mercado está saturado, es difícil competir con los negocios ya establecidos. No te desalientes, puedes ir al lado este de la isla y descubrir que hay solo cinco empresas que ofrecen salidas de pesca. Paseas por distintas oficinas y descubres que sus excursiones están todas reservadas para el próximo mes. Deberás investigar un poco más, pero, a simple vista, parece que hay muchas personas que quieren hacer pesca en alta mar, pero las empresas existentes no alcanzan a cubrir la demanda.

La demanda no siempre será tan fácil de medir, ya que la competencia solo brinda parte de la información. Las grandes empresas contratan empresas de investigación de marketing para determinar la demanda. Esas empresas de marketing realizan encuestas en línea, grupos de enfoque y pruebas de interacción entre producto y cliente para determinar si existirá demanda para un negocio. Quizás no tengas acceso a esos recursos, pero eso no significa que no puedas usar las mismas técnicas. Puedes unirte a grupos de interés o vecinales en línea para ver de qué hablan y preguntarles directamente a los posibles clientes si usarían tu negocio o servicio. Establece contacto directo con las personas que son vocales de las necesidades del barrio y de productos, y coméntales sobre tu idea de negocio. Asiste a reuniones comunitarias y ofrece muestras de tus productos con una tarjeta de negocios. Obtendrás mucha información sobre la demanda de tu negocio y también sobre ajustes necesarios antes de meterse de lleno en una oportunidad.

No te desanimes si la investigación de mercado revela que hay más competencia en tu zona. A menos que inventes un producto nunca antes visto, siempre habrá competidores. Tener competencia significa que hay demanda para ese tipo de negocio. Lo que buscas es un espacio del mercado que no tenga ni muy poca ni mucha competencia. Si hay muy poca competencia, podría significar que no habrá suficiente demanda en el mercado para apoyar a más de un negocio. Si hay mucha competencia, podría significar que el mercado está saturado y pelear por las ventas será difícil. Querrás encontrar un mercado que tenga la cantidad justa de competencia. Eso significa un sector que tenga suficiente demanda para que un negocio pueda ganar dinero, pero no tanta demanda que más de un negocio elimine todo un mercado.

Incluso cuando encuentres tu nicho de competencia, necesitarás un gancho para diferenciar tu negocio de los demás del mercado. El término empresarial para lo que hace destacar a tu negocio de la multitud es una *propuesta de valor*. La propuesta de valor es aquello que recibirán tus clientes con tu producto o servicio que no encontrarán en otro lugar. En Smiley's, el restaurante de mi padre, la propuesta de valor era la parrilla de los sábados. Es probable que hubiera cientos de lugares para comer dentro del radio de Smiley's. Sin embargo, todos conocían a Smiley's por su propuesta de valor única y eso mantenía el restaurante lleno los otros seis días de la semana.

Si aún no encontraste la propuesta de valor de tu negocio, la siguiente pregunta te podría ayudar a descubrirla. ¿Quiénes serán mis clientes? En el mundo de los negocios, quienes son tus clientes se denomina *información demográfica*. Si has escuchado el término anteriormente, puede que estés pensando que la información demográfica describe la edad, el sexo, el nivel de educación, los intereses y otras características de tu cliente promedio. Si bien es así para los negocios de servicios o ventas minoristas, no funciona así para los demás negocios. Tu información demográfica puede ser un negocio que provee a otros negocios. Una de las ideas de negocios de la encuesta de interés general, ofrecer comidas gourmet a empresas de alquiler de embarcaciones, es un excelente ejemplo de un negocio que provee a otro.

Una vez que sabes a quiénes le venderás, puedes determinar cuál es la propuesta de valor que le importa a ese grupo. Venderles a otros negocios podría significar que sus propuestas de valor son un servicio confiable, de bajo costo y un producto de calidad. Si tu público son madres trabajadoras, las propuestas de valor que les importan se podrían enfocar en la practicidad y la seguridad. Saber quién es tu cliente te permite personalizar el plan de negocio para satisfacer sus necesidades. Además, te ayuda a ahorrar tiempo y dinero cuando estés buscando o haciendo campaña de marketing para tus clientes.

Una vez que analizaste quién es tu cliente, te puedes enfocar en la última de las cuatro preguntas: ¿Cuál es el precio de mi producto o servicio? El precio es importante, porque te permite calcular los márgenes de ganancia, los puntos de equilibrio y otras métricas que determinan si tu negocio es viable. El primer lugar para investigar precios es la competencia. Si están cobrando una tarifa menor que la que tú puedes ofrecer para tu producto o servicio, vuelve a la propuesta de valor. ¿Puedes ofrecer algún punto distintivo que justifique un precio más alto para tus artículos o servicios? Si puedes reducir eso en tu espacio de mercado, podrás competir solo con los precios. Es probable que, si tienes un precio más bajo, debas compensar la reducción de ingresos con mayor volumen. Sin importar cuál sea tu precio, si no puedes sostener el negocio, deberás volver al punto de inicio.

Si después de las cuatro preguntas no tienes buenos resultados, no te rindas. Recuerda que es mejor hacer un poco de investigación y descubrir que tienes una mala idea de negocio que abrir un negocio y después enterarte de que no hay mercado. Vuelve a tu lista de ideas de interés general y aplica las cuatro preguntas a otra idea. Estoy seguro de que, con la creatividad suficiente y un poco de pensamiento innovador, encontrarás una oportunidad de negocio adecuada para ti. Cuando las cuatro preguntas apunten hacia una idea viable, es momento de crear soluciones prácticas para los problemas de tus clientes y encontrar propuestas de valor.

Paso cuatro: Asistir a ferias comerciales

Mi recurso principal para completar los vacíos operativos es asistir a una feria comercial. Las ferias comerciales son eventos de varios días cuyo objetivo es reunir a empresarios y profesionales de una industria específica. Las empresas arman puestos para exhibir y demostrar sus productos y servicios más recientes. Muchos de estos eventos incluyen seminarios sobre novedades del sector o la dirección que tomará la industria en el futuro. Existen ferias comerciales para cualquier industria que puedas imaginar. Realicé una búsqueda rápida de las próximas ferias comerciales en los Estados Unidos y encontré eventos dedicados a sujetadores, fabricación de calzado y reciclaje de basura. Estoy seguro de que podrás encontrar una feria comercial que complemente el problema que buscas resolver.

Cuando hablo con las personas sobre el éxito y la importancia de asistir a ferias comerciales, suelen oponerse. Viajar a ferias comerciales puede ser costoso y nadie garantiza que la información obtenida sea útil. ¿No podrías investigar en línea y enviar por correo electrónico tus preguntas a los representantes de la industria? Podrías hacer eso, pero te perderías una de las mayores ventajas de las ferias comerciales.

Cuando asistes a una feria comercial, tienes la posibilidad de establecer contactos. Mientras más conexiones hagas en la industria donde quieres emprender, más oportunidades tendrás. No solo estarás expuesto a distintas perspectivas e ideas sobre la industria, sino que también harás conexiones personales con profesionales de la industria. Cuando alguien te conoce en persona, tienes más posibilidad de que recuerden quién eres. Eso resulta muy útil cuando haces una llamada o envías un correo electrónico a alguien de la siguiente manera: «Hola, nos conocimos en la feria de Chicago la primavera pasada. Estoy por hacer un pedido, pero antes tengo algunas preguntas». Es mucho más probable obtener una respuesta rápida y positiva de alguien con quien ya tuviste un contacto directo que la de alguien con un simple llamado.

Además de hacer contactos, las ferias comerciales son un evento educativo para la industria. Las ferias comerciales están repletas de personas como tú que están buscando iniciar su negocio o ampliar los que ya tienen. Podrás intercambiar ideas y enterarte de qué modelos de negocios funcionan y cuáles no con personas que intentan alcanzar tus mismos objetivos. Hay pocos lugares en el mundo donde se puede acceder a ese tipo de interacción y de ninguna manera se suelen encontrar en una clase universitaria.

La formación que recibes en las ferias comerciales no se termina con las conversaciones con emprendedores actuales o futuros. Las empresas suelen anunciar o presentar productos y servicios nuevos en estos eventos. Puedes encontrarte en el momento justo en que aparece algo que te permita lanzar o acelerar tu negocio. En el próximo capítulo, verás cómo aproveché un producto nuevo en la Feria de Electrónicos de Consumo (CES) que cambió mi vida.

Por último, las ferias comerciales te permiten observar qué competencia existe en tu industria. Si otra empresa ofrece un producto o servicio similar, puedes evaluar sus capacidades. No creas que solo porque tu negocio depende de la ubicación, como el servicio de alquiler de embarcaciones, una empresa del otro lado del país no pueda enseñarte algo sobre la competencia. Cuanto más entiendas cómo funcionan negocios similares al tuyo, más fácil será comprender a tus competidores locales. Si te encuentras con un competidor directo en una feria comercial, mejor aún. Podrás averiguar todo lo que estén dispuestos a contar acerca de su «salsa secreta». Después de la feria, podrás utilizar esa información para ajustar tu propuesta de valor y captar a los clientes de la competencia.

Cuando se termine la feria, deberás tomar algunas decisiones. Según tu investigación, situación y experiencia en la feria comercial, ¿sigues creyendo que tienes una oportunidad de negocio viable? Si crees que puedes conseguir algo, entonces ahí está tu respuesta. La oportunidad de negocios es buena para ti y seguirás los pasos que veremos más adelante en los capítulos de «Cómo convertirse en un león». Si no, no descartes la idea todavía. Hazte una última pregunta: ¿Hay alguna manera de ajustar la propuesta de valor para que este negocio funcione?. En la próxima sección se mostrará que es posible cambiar las propuestas de valor y mantener viva la esencia del negocio.

Los cuatro pasos en acción

Hace algunos años, pude ver cómo funcionan en la práctica los cuatro pasos que presenté anteriormente. Justo antes de la pandemia de COVID-19 en 2020, mi novia se graduó de la universidad con un título de ciencias forenses. Había empezado la carrera con el objetivo de trabajar en un laboratorio de criminalística policial para ayudar a atrapar delincuentes con la ciencia. La idea de formar parte de un equipo de *CSI* en la vida real era su pasión y se volvió parte de su identidad.

Después de graduarse, se postuló a varias agencias de orden público en las Bahamas e incluso al FBI en los Estados Unidos. Debió haber enviado su currículum a docenas de laboratorios de criminalística sin recibir una sola respuesta. No hace falta decir que estaba sumamente frustrada por la falta de respuestas y llegó a cuestionarse por qué había invertido tanto tiempo y dinero en obtener ese título. Sin embargo, un día sucedió. Recibió una llamada para una entrevista en una agencia de orden público de las Bahamas. Unas semanas más tarde, tuvo una excelente entrevista y le ofrecieron un puesto. Estaba emocionada por su trabajo nuevo y me contó cuál sería el salario y el paquete de beneficios que recibiría. Había algo en la situación que no terminaba de cerrarme y recién pude identificar qué era la mañana en la que ella estaba por firmar el contrato de trabajo.

Estábamos desayunando y le dije: «Por más que quiera que consigas este trabajo, sería una locura. Tienes acceso a mi experiencia empresarial todos los días, a toda hora. Y que deje que te marches de aquí para aceptar un puesto en el gobierno que paga treinta mil dólares al año, sería negligencia de mi parte. Dame una semana. Déjame ver si puedo pensar en un negocio o algo relacionado con tu campo en lo que puedas empezar a trabajar».

Aceptó esperar una semana antes de firmar. Yo tenía cero experiencia en ciencias forenses. Sin embargo, tenía mi fórmula. Empecé definiendo su nivel de éxito como propietaria de un negocio. Luego, tomé su interés general, las ciencias forenses, y lo convertí en mi interés general. Comencé a investigar en sitios web sobre criminalística y busqué responder las siguientes preguntas:

- ¿Qué habilidades se desarrollan al obtener un título en ciencias forenses?
- ¿Qué carreras o puestos tienen las personas con títulos en ciencias forenses?
- Dentro de esos trabajos, ¿cuáles son las tareas habituales que llevan a cabo los científicos forenses?

El hilo conductor que encontré, por supuesto, fue el análisis de laboratorio. Eso confirmaba lo que ya suponía, pero no me daba un problema claro para resolver ni una propuesta de valor para los laboratorios forenses.

Empecé a pensar en los problemas típicos del sector y las propuestas de valor relacionadas con conveniencia y suministro, y formulé nuevas preguntas:

- ¿Los laboratorios de criminalística subcontratan pruebas que realizan de manera habitual?
- ¿Esa subcontratación debe ser local o puede hacerse con clientes de otras regiones?

- ¿Qué calificaciones o certificaciones necesita un laboratorio para convertirse en proveedor de una agencia de orden público?
- Si se pudiera abrir un laboratorio independiente, ¿qué equipamiento se necesitaría para empezar?
- ¿Existen ferias comerciales de equipamiento forense a las que pudiéramos asistir para ver qué se viene en el futuro del sector?

Mientras buscaba respuestas en línea para estas preguntas, me encontré con algo que no había considerado antes. El mismo equipamiento que se usa en pruebas forenses se puede utilizar en laboratorios médicos y veterinarios.

El cáncer de colon, las enfermedades de transmisión sexual, la diabetes y otras enfermedades se podían diagnosticar con un equipamiento similar. ¿Qué pasaría si pudiéramos resolver el problema de la falta de tiempo para las personas trabajadoras que necesitan realizarse pruebas médicas? No todas las personas se pueden tomar un día de trabajo para ir a una consulta médica, en especial para diagnosticar una enfermedad que pueden o no tener. La solución a ese problema son las pruebas en el hogar. Al utilizar equipos de prueba comercialmente disponibles, el negocio podría crear y distribuir pruebas domiciliarias a las farmacias. Una vez que el cliente envasara la muestra necesaria para la prueba, se podría dejar o enviar por correo al laboratorio. El laboratorio haría los análisis internamente y luego publicaría los resultados en un portal seguro o los enviaría por correo electrónico.

Toda esa investigación e intercambio de ideas surgió del simple hecho de profundizar en un interés general en la criminalística. Mi novia y yo empezamos a estudiar qué pruebas médicas podían adaptarse al formato a domicilio y luego, llegó el COVID-19. Enseguida nos enfocamos en lo que se necesitaría para abrir un laboratorio de pruebas de COVID-19. Lamentablemente, no había ferias comerciales a las que pudiéramos asistir en esa época, pero sí había ferias virtuales. Nos anotamos en una y tuvimos acceso inmediato a fabricantes y proveedores de pruebas. Los representantes de ventas, encantados de conversar, respondieron todas nuestras preguntas, que podrían habernos tomado semanas en averiguar por nuestra cuenta.

Compramos el equipamiento y armamos un laboratorio en cuestión de semanas. Nuestro problema a resolver pasó de «cómo realizar pruebas para laboratorios de criminalística» a «cómo ofrecer pruebas de COVID-19 en las Bahamas». El giro dio resultado y mi novia se convirtió en millonaria en menos de un año.

La gran decisión

Ahora tienes todas las herramientas que necesitas para acceder a una oportunidad de negocios que sea adecuada para ti. Incluso si alguien te presenta una oportunidad, como una franquicia u otro emprendimiento legítimo, pueden aplicar el proceso de cuatro pasos para evaluarla. ¿Por qué considerar una franquicia en una industria que no se adapta a tu definición de éxito y para la que no tienes las habilidades ni el interés? No deberías hacerlo. Formularse las cuatro preguntas y asistir a una feria comercial te guiará hacia una decisión informada, sin importar si la oportunidad surge de ti o si alguien más te la presenta.

Si el proceso de cuatro pasos te ayuda a encontrar una oportunidad de negocios viable, la gran pregunta es la siguiente: ¿qué vas a hacer al respecto? ¿Vas a hacer planes y hablar de lo que algún día vas a hacer? Hay un motivo por el que estuve utilizando la palabra oportunidad a lo largo de este capítulo. Es porque las oportunidades se desvanecen. Hay un límite de tiempo para aprovechar una oportunidad de negocios. Es cierto, abrir un laboratorio para pruebas de COVID-19 fue una oportunidad de negocios que tenía un plazo limitado. Hoy, la demanda de esas pruebas es prácticamente inexistente. Sin embargo, el laboratorio alcanzó su propio nivel de éxito y ahora continúa operando con otros tipos de análisis médicos.

No puedes convertirte en un león sin asumir algunos riesgos. Sin importar cuánto investigues o cuán sólido creas que es tu plan de negocios, siempre existe la posibilidad de que las cosas no resulten. Pero ¿qué pasa si el riesgo vale la pena? Sigue leyendo si quieres tomar prestado un poco de mi coraje para ayudarte a dar ese salto. El siguiente capítulo es una página de mi vida que muestra lo rentable que puede ser aprovechar una oportunidad cuando se tiene el coraje de un león.

CAPÍTULO 3

DÍAS DE ESCUELA

Tanto como me hubiese gustado, no pasé mi adolescencia solo juntándome con amigos y encargándome de la parrilla de los sábados. Para ser más preciso, fui a una escuela privada, Xavier's College. A pesar del nombre, el plan de estudios de Xavier llegaba hasta sexto grado. Casi todos los estudiantes de Xavier tenían un único objetivo: rendir bien en los exámenes de ingreso para el Saint Augustine's College (SAC). El SAC abarcaba del séptimo grado hasta la graduación de secundaria. Había otras secundarias en Nasáu, pero el SAC era *la* escuela a la que todos querían ir. El campus tenía todo lo que un niño en crecimiento podía desear: canchas de básquetbol, piscinas, campos de béisbol, una gran cafetería y una amplia biblioteca. El SAC también era *enorme*. Nunca había visto algo tan grande, solo en televisión. La escuela tenía más de mil estudiantes y parecía más una universidad que una secundaria. No había nada que quisiera más que entrar al SAC.

Entrar al SAC no estaba garantizado solo por haber asistido a Xavier. A principios de 1991, rendí los exámenes de ingreso del SAC. Los alumnos de Xavier sabían que los exámenes no eran lo único que analizaba la oficina de admisiones del SAC. Existía el rumor de que todo lo que figuraba en nuestro registro permanente también se tenía en cuenta en la admisión. Es difícil que lo procese un alumno de sexto grado, pero estaba conforme con eso. No siempre me fue bien en la escuela, pero sabía que era inteligente y querido. ¿Por qué no iba a entrar al SAC?

Esa confianza comenzó a deteriorarse a medida que avanzaba la primavera de 1991. Los resultados de los exámenes se repartían en la escuela y un sobre con una delgada hoja de papel decidiría mi destino por los próximos seis años. Tenía tanto miedo de abrirlo que esperé a llegar a casa ese día. Mi corazón latía fuerte contra mi pecho mientras volvía a mirar el sobre. La dirección de devolución del SAC y mi nombre estaban perfectamente escritos como destinatario.

Rompí el sobre con cuidado y saqué la carta. El papel estaba doblado tres veces y lo desplegué lentamente. Casi no podía mirar la primera línea, pero me obligué a hacerlo. Solo necesitaba ver la palabra *aceptado* y eso sería suficiente. Asistiría al SAC en el otoño de 1991. Una alegría inundó mi mente, mi corazón y mi alma, y solo la sentí unas pocas veces en mi vida. Hasta el día de hoy, debo decir que ese fue el mejor día de mi vida.

El siguiente mejor día fue cuando asistí por primera vez a clases en el SAC en septiembre de 1991. Entré al campus con mi uniforme de pantalones grises, camisa blanca y zapatos de vestir, con una mochila colgada sobre un hombro. Todo se sentía perfecto, incluso mi corte de cabello fresco e inmaculado, que me hacía sentir armado y listo para enfrentar el siguiente capítulo de mi vida. Pasar de página significaba salir de mi zona de confort. No quiero decir que los docentes de Xavier me dieran todo servido, pero allí todo era estructurado. Los profesores se aseguraban de que estuviéramos en los lugares correctos y a las horas exactas para las clases y actividades. El SAC era lo opuesto. Estoy seguro de que me dieron un mapa del campus y un horario. Después de eso, era mi responsabilidad moverme entre clases. Debía aprender a adaptarme al nuevo ritmo del SAC o quedarme atrás.

Los programas académicos tradicionales nunca fueron donde más prosperé. Durante el tiempo que estuve en Xavier, aprendí de maneras que iban mucho más allá de las lecciones en el aula. Lo bueno de Xavier era que, si necesitaba ayuda con una materia, el tamaño reducido de las clases les permitía a los docentes prestar atención individual a cada uno de los estudiantes. En el SAC no era así. La mayoría de las clases tenía treinta alumnos y cada docente dictaba cinco o seis clases por día. El personal del SAC no tenía tiempo de corroborar nuestro progreso o buscar señales de alerta de que nos estuviéramos quedando atrás. Eso era responsabilidad del estudiante.

A pesar de esas presiones, tuve la ventaja de una red interna de apoyo: muchos de mis amigos de Xavier pasaron al SAC conmigo. Lo desconocido es más fácil de enfrentar cuando tienes amigos a tu alrededor. Ese nunca fue un problema para mí. Siempre pude conectar con otros y hacer amigos. Parte de eso se debía a que siempre fui el payaso del aula. Nunca fui lo que se consideraría un chico malo. Travieso, sí... pero nunca malo. No me metía en peleas ni era un matón. Mis payasadas me metían en todo tipo de problemas, pero también me ayudaban a hacer amigos influyentes.

Era el tipo de niño que provocaba dos reacciones en los docentes: me adoraban o refunfuñaban apenas entraba al aula. Aquellos que no hacían una mueca al verme por el pasillo fueron los que realmente marcaron mi vida. Es difícil afectar de manera positiva la vida de alguien siendo siempre estricto con esa persona. El hermano Henry era una de esas almas bondadosas e influyentes. Era un monje católico del campus que tenía una pequeña panadería no tan secreta. Todas las mañanas, horneaba magdalenas de coco y panecillos de canela. Transmitía su sabiduría a los niños a los que les tomaba cariño.

Mi miembro favorito del personal era, sin duda, la enfermera escolar. Siempre iba a la clínica escolar con alguna dolencia ficticia para escaparme de clase. La enfermera solía encontrar un motivo para justificar mi ausencia, pero no me dejaba salirme demasiado con la mía. Era como una madre comprensiva que le da a su hijo suficiente independencia como para ver de qué era capaz, pero no tanta libertad como para que se hiciera daño. Me aconsejaba constantemente y me dio una brújula moral sólida. También fue el motivo por el que pude empezar mi negocio de sombreros personalizados. Le vendí mi litera para sus hijos por 150 dólares bahameños y usé ese dinero como inversión. Estaba dispuesto a dormir en el suelo con tal de hacer realidad mis sueños de negocio.

También estaba mi profesora de historia. Su personalidad gruñona y estricta no la hacía ganar ningún concurso de popularidad entre los estudiantes. Era el tipo de profesora que uno pensaría que no toleraría mis payasadas y no lo hacía. Me retaba cada vez que tenía oportunidad. Sin embargo, había una diferencia entre ella y los demás que me cortaban las alas. Ella me retaba desde el corazón, no con un martillo. No seguía las reglas del SAC de dejarme descarrilar cuando me atrasaba en su clase. Se acercaba e intentaba ayudarme a ponerme al día.

Mi primer boletín no fue nada espectacular, ni siquiera con la ayuda de mi profesora de historia. Mi promedio general de calificaciones (GPA) era de 1.4 en una escala de 4 puntos. Eso se ubica en el rango entre tonto y acabado. No tenía sentido, porque creía que era inteligente. Sin embargo, el barómetro de la escuela decía que no lo era. ¿Cómo podía alguien que no era tan brillante manejar con éxito la parrilla de los sábados o los otros emprendimientos que tenía en la escuela? ¿Crees que iba a conformarme con la única fuente de ingresos que me daba la parrilla de los sábados? Recuerden que mi padre me enseñó sobre las múltiples fuentes de ingresos y, en su boletín, hubiese recibido un 4.

Mis negocios paralelos en la escuela solo estaban limitados por mis recursos y mi imaginación. Durante las primeras semanas en el SAC, empecé a comprar grandes cantidades de golosinas a precio mayorista gracias a mis contactos de la parrilla de los sábados y las vendía en la escuela. Nunca había tenido un casillero antes de llegar al SAC, pero resultó ser un gran espacio de almacenamiento para mi inventario. Además, empecé el negocio de sombreros personalizados que mencioné antes, durante mis días en el SAC. Promocioné ese negocio todos los días usando mi propio sombrero personalizado, que decía «Romello», mi apodo. Me convertí en Romello después de presentar una versión adaptada para las Bahamas de *Romeo y Julieta*, denominada *Romello y Gillian*. Por supuesto, yo era el protagonista y, después de eso, todos comenzaron a llamarme Romello. La combinación del apodo y el sombrero mantenía los pedidos en constante movimiento.

Mis ganancias subían, pero mis notas no. Necesitaba un enfoque distinto para aprender. No se trataba de capacidad. Se trataba de encontrar el entorno adecuado que me ayudara a tener éxito. A menos que algo cambiara rápido, estaba en problemas. No era que no podía aprender ni que tenía alguna neurodivergencia que me dificultara procesar información. Todo se reducía a mi nivel de interés. Sin una pasión por una materia, me costaba encontrar motivación para estudiar. Nunca me habían cautivado demasiado la geografía, la historia o la biología, por eso no me iba bien en esas clases.

Cuando encuentro algo que me interesa, incluso hoy en día, me sumerjo por completo a estudiarlo. Hace poco, pasé casi ocho semanas tomando clases sobre inteligencia artificial y aprendiendo cómo esa tecnología definirá nuestro futuro. Esa semana, leí todo lo que encontré sobre IA y, de inmediato, empecé a usarla para aumentar mi productividad. Si hubiera podido elegir las materias de la escuela que me apasionaban, como la IA, hubiese sido un estudiante de promedio 4 todos los semestres. Lamentablemente, los niños no pueden elegir lo que les enseñan y yo estaba luchando por mantenerme a flote.

Ese año no logré recuperarme y desaprobé séptimo grado. No solo iba a tener que repetir, sino que además mis padres tendrían que pagar otro año escolar. El siguiente otoño, volví al SAC con un nivel inferior del que pensé que podía tener. Había vuelto al punto de partida, rodeado de nuevos estudiantes de séptimo grado que no tenían idea sobre las panaderías secretas ni dónde estaban sus casilleros. Ese día, en la clase de gimnasia, los alumnos de séptimo grado se alinearon para jugar básquetbol contra los de octavo. Estaban todos mis amigos de octavo por jugar contra mí. No creo haber estado más avergonzado en mi vida. Después de eso, nunca más quise volver a fracasar en nada. Me gustaría poder decir que me convertí en un estudiante modelo, pero no fue así. Hice lo que tenía que hacer para poder tener éxito en la escuela.

Sobreviví la vergüenza de repetir séptimo grado y mantuve un perfil bajo todo lo que pude hasta llegar a noveno grado. Ese año, aparecieron nuevos desafíos, incluida Phillipa, una joven hermosa que iba a la escuela vecina, Saint

Anne's School. Me enamoré tan profundamente que les pedía a mis amigos que iban a Saint Anne que le entregaran cartas de amor escritas a mano a Phillipa. En ese momento, puedo decir sin exagerar que era lo único que me faltaba en la vida. Todo iba a funcionar si podía convencer a mis padres de que me cambiaran del SAC a Saint Anne. Así, Phillipa y yo podríamos estar juntos todos los días.

No podía decirles a mis padres que quería cambiarme de escuela por una niña. Les dije que ya no encajaba en el SAC y que necesitaba un cambio. También era verdad. Quería empezar de cero. Además, mi desempeño académico había mejorado desde que repetí séptimo grado y mis padres estaban predispuestos a aceptar mi pedido. Había una sola condición: debía obtener cinco Certificados junior de Bahamas (BJC, por sus siglas en inglés). Un BJC es una prueba de aptitud en una materia académica específica que los bahameños rinden en noveno grado. Obtener un BJC es la versión académica de destacarse en un deporte. Si eso necesitaba para estar con Phillipa, estudiaría hasta que me sangraran los ojos.

Los BJC estaban programados para la última semana de clases y estaba listo. Nunca me había sentido tan preparado para algo en mi vida. Aprobé las primeras tres pruebas sin problema y las últimas dos estaban programadas para el último día de clases. Tradicionalmente, el último día de clases era un caos divertido. Escribíamos en las camisetas de los demás y nos disparábamos con pistolas de agua llenas de tinte. Incluso volaban algunos huevos. Era diversión traviesa, pero sin maldad.

En el recreo antes de mi examen final, fui al baño y unos alumnos de décimo grado me tomaron por sorpresa. Me llenaron de huevos y me mojaron con las pistolas de agua. Era todo parte del juego. Me saqué los grumos y me limpié como pude, pero tenía la venganza en mente. Agarré mi pistola Super Soaker y salí a buscar a uno de los culpables. Lo encontré en su aula y lo empapé antes de que sonara la próxima campana. Corrí a mi último examen, todavía un poco mojado, pero decidido a aprobar mi último BJC.

Me senté y empecé la prueba cuando la voz del director sonó por los altavoces llamándome a su oficina. Hoy, justo hoy, no había hecho nada.

No había vendido nada. Incluso había sido muy educado con los docentes. No quería perder tiempo valioso de examen, así que fui a la oficina. Allí, me encontré con una docente que aseguraba que había interrumpido su clase entrando y mojando a todos los alumnos. Intenté explicar lo que había pasado y que no había interferido con su clase. El director no quiso escuchar nada de lo que tenía para decir. Me dijeron que debía abandonar la escuela y volver con uno de mis padres.

Los BJC son exámenes estructurados y con tiempo limitado. Si me iba de la escuela, no podía completar la prueba. Le pedí al director que me dejara terminarla. Me iba a cambiar a Saint Anne si podía terminar el examen, así que no tendría que verme nunca más. El veredicto fue el mismo. Antes de irme del SAC por última vez, ya se hablaba de una posible expulsión indefinida por mis acciones. Era un joven sin escuela. No podía volver al SAC ni cambiarme a Saint Anne.

Ahí fue cuando llegué a mi punto de quiebre adolescente. Estaba abrumado por la vergüenza y convencido de que había decepcionado a todos. ¿Cómo iba a mirar a mis padres a la cara? Lo único que tuvo sentido para mi cerebro de quince años fue escribirle una carta a mi mamá. Puse por escrito todo lo que no podía decir en voz alta. Cada frase expresaba lo arrepentido y avergonzado que me sentía, y cuánto quería arreglar las cosas, aunque no sabía cómo. Luego, en vez de escaparme, me refugié en el ático. Cumpliría mi penitencia justo encima de las personas a las que no soportaba haber decepcionado. No era un acto de rebeldía. Era una necesidad de espacio y tiempo para resolver qué haría después.

Al día siguiente, escuché a mi mamá recorrer la casa mientras lloraba. Llamó por teléfono a varios familiares para contarles lo que había pasado. Ahí estaba yo, en el ático, escuchando todo. Por lo que alcanzaba a oír de su lado de la conversación, pude entender que mi familia estaba planificando algo. ¿Qué iban a hacer cuando me encontraran? ¿En qué momento se arruinó todo para mí? ¿Qué habían hecho para causar todo esto?

No podía hacer nada más que sentarme quieto y esperar a que mamá se fuera al trabajo. Pasaron dos horas hasta que sentí la casa lo suficientemente silenciosa como para bajar. El lugar estaba vacío y me puse un disfraz. Le pedí prestado a un amigo el uniforme de Saint Anne. Ese era su último día de clases y pensaba meterme en su escuela para ver a Phillipa. Llegué al colegio y me mezclé entre todos, como si fuera James Bond de las Bahamas. Pasé un rato con mi amigo y luego, fui a ver a Phillipa. Le conté que no iba a poder cambiarme el año siguiente y más tarde esa misma noche, no tuve más opción que volver a casa y enfrentar las consecuencias. Hubo lágrimas y palabras duras de parte de mi mamá. De manera irónica, unos días después, Phillipa me rompió el corazón y me dejó. Estaba devastado. En cuestión de días, parecía que mi vida entera se había derrumbado por completo.

Sentía que nada podría volver a estar bien. ¿A qué escuela iba a ir ahora? ¿Existía algún lugar de las Bahamas que estuviera dispuesto a aceptarme? Mi mamá llamó a un familiar cercano que tenía contactos en Bahamas Academy, una pequeña escuela adventista. Después de mover algunos hilos, lograron acelerar mi admisión para el otoño.

Mi primer día en Bahamas Academy se sintió como pasar de un teléfono inteligente a un viejo teléfono con tapa. El campus era muy básico. No había bibliotecas lujosas ni campos deportivos. Se habían terminado las magdalenas y los panecillos de canela. No había ni cerca de mil estudiantes ni una diversidad de niñas bonitas. Lo peor parecía ser la cafetería lamentable de Bahamas Academy. No lo sabía al entrar, pero los adventistas tienen restricciones alimentarias que hacían que sus almuerzos fueran desabridos. Mi interés natural por comer comida decente terminó convirtiéndose en mi siguiente negocio.

La comida de Bahamas Academy era tan mala que no me imaginaba que no existiera una demanda por almuerzos mejores. En las Bahamas, es imposible no encontrar comida sabrosa y, cuando empecé a buscar una solución, la encontré justo al otro lado de la calle. El famoso Bamboo Shack quedaba a unos pasos de la escuela. Mi salvación del mediodía fue un puesto de sándwiches de pollo.

Si no sabes lo que es, es un restaurante que se especializa en comida frita, especialmente pollo. Si podía averiguar cómo tomar suficientes pedidos de los estudiantes, irme del campus para buscar la comida y entregarla, no tendría que pagar por el almuerzo el resto del año. Había muchos problemas que resolver para crear esta versión noventosa de DoorDash.

Esa tarde, después de clases, fui a Bamboo Shack a comentarle mi idea sobre los pedidos de almuerzo a una de sus empleadas. No veía nada malo en que un niño encargara un poco de pollo y las ventas adicionales no le harían mal a nadie. Así funcionaba el plan. Dejaba un bolso de lona en Bamboo Shack todas las mañanas antes de ir a la escuela. Cada mañana, llegaba a la escuela y tomaba pedidos antes de que sonara la primera campana y durante el recreo. Podían pedir lo que quisieran del menú por el costo de la comida más mis 2 dólares bahameños como tarifa de servicio. Hacía los pedidos desde una cabina telefónica en el vestíbulo de la escuela y esperaba la hora del almuerzo. Me encontraba con alguien de Bamboo Shack en la valla detrás del gimnasio unos minutos antes de que comenzara el almuerzo. Había hecho un agujero en la valla para el intercambio. Le entregaba el dinero al repartidor de Bamboo Shack. Me pasaba el bolso de lona. Luego, me escabullía de nuevo en el gimnasio y distribuía la comida. El plan funcionó a la perfección. Cuando se corrió la voz, empecé a recibir entre diez y veinte pedidos diarios.

Todas las cosas buenas fritas llegan a su fin y el DoorDash de 1994 se vino abajo estrepitosamente. Un día, estaba entrando con el bolso de pollo al gimnasio cuando vi al director parado en la esquina. No había un buen motivo para que estuviera entrando con un bolso de lona a la escuela. Caminé tan rápido como pude, sin tratar de parecer sospechoso, hasta el gimnasio, y dejé el bolso en un casillero vacío. El director me encontró un minuto después.

«Sr. Bastian, ¿dónde está el bolso que traía?», preguntó el director.

«No tengo ningún bolso, señor», le respondí con inocencia.

«Abre el casillero», me ordenó el director.

Mi casillero estaba en una fila con otros veinticinco. Abrí la puerta del mío y lo único que había eran unos calcetines sucios de gimnasia. Como no estaba satisfecho con el resultado, el director comenzó a abrir los otros veinticuatro casilleros. A mitad de la fila, sintió el olor. Empezó a olfatear el aire como un perro de caza y encontró el casillero del escondite. Lo abrió.

Me suspendió por dos semanas por ese bolso de pollo frito y caracoles marinos. No hubiese sido tan grave si las restricciones alimentarias de los adventistas no incluyeran carroñeros ni mariscos. No existía una regla escolar en contra de pedir comida, pero el caracol marino infringía sus principios religiosos. Ahí terminó ese negocio.

Después de la suspensión, mi mamá creyó que era buena idea tenerme más controlado. Empezó a buscarme después de la escuela y me quedaba con ella hasta que terminaba de trabajar. Estaba en la prisión de mamá de 3:30 p. m. a 5 p. m. todos los días después de la escuela. Mi mamá no quería que estuviera en la oficina causando problemas, así que tenía que esperarla en el automóvil. No podía bajar las ventanillas ni salir del vehículo. Estoy seguro de que mi mamá temía que me escapara y dejara las ventanillas bajas y el automóvil abierto. Un día fresco en las Bahamas ronda los 80 °F (26 °C) y, encerrado en el automóvil, la temperatura alcanza los 100 °F (37 °C). El instinto de supervivencia me obligó a salir del vehículo. Había un árbol con buena sombra en la esquina del estacionamiento. Desde ahí, podía vigilar el automóvil sin rostizarme y volver a meterme justo antes de que mamá saliera del trabajo.

Esa rutina de sentarme aburrido bajo el árbol duró solo unos días antes de que se despertara mi león interno. Mi presa estaba dentro de la oficina de mi mamá: el aire acondicionado. Observaba desde afuera del edificio mientras las personas entraban y salían, y busqué el momento exacto para escabullirme. Una vez adentro, tenía que encontrar lugares donde esconderme. Es difícil parecer que perteneces a un lugar cuando llevas puesto un uniforme escolar. Un par de veces, algunos gerentes me retaron por estar paseando por los pasillos. Me mandaban afuera de nuevo con los recordatorios habituales de que se suponía que no debía estar allí.

Que me atraparan no me detuvo de intentar volver a entrar a la oficina. Solo tenía que ser creativo una vez que lograba entrar. Una de las maneras principales en las que me ocultaba era quedándome a plena vista. Me instalaba en la cafetería de empleados. A esa hora del día, no había motivo para que los empleados estuvieran allí. Si uno de los colegas de mi mamá me veía, no pensaba que podía meterme en problemas y me dejaba estar allí.

Ese león dentro de mí me había llevado a todas las oportunidades que tuve y meterme en la oficina de mamá no fue diferente. Un día, mientras estaba sentado en la cafetería, Whitney Sands, el jefe de tecnología informática, se me acercó. Pensé que me echaría, como habían hecho los demás gerentes. Para mi sorpresa, Whitney me preguntó si era el hijo de Deborah. Asentí, él se sentó y empezó a conversar conmigo. Como no me echó, sentí que era su bendición para pasar tiempo en la cafetería todos los días. Whitney nunca lo dijo explícitamente, pero hablaba conmigo cada vez que lo veía pasar por allí.

A la semana siguiente, Whitney se ofreció a mostrarme su oficina. Miraba los componentes de la computadora e intentaba descifrar qué hacía cada placa de circuito y cómo funcionaba todo en conjunto. Las mesas estaban llenas de computadoras en distintas etapas de reparación. Los estantes estaban repletos de piezas en bolsas antiestáticas y contenedores con cables que parecían serpientes. No me animaba a tocar nada por miedo a arruinarlo.

Whitney captó de inmediato mi interés y me preguntó: «¿Quieres aprender a arreglar una de estas?». Señaló una de las máquinas.

Por supuesto que quería. Desde ese momento, me convertí en el aprendiz de Whitney. Me enseñó de todo: desde cómo armar una computadora parte por parte hasta cómo instalar correctamente el software y sistemas operativos en las máquinas. Si una computadora funcionaba mal, Whitney me guiaba por todo el proceso de diagnóstico hasta la reparación. Estaba fascinado. No había nada sobre las computadoras que no quisiera aprender, porque ya sabía cuál sería mi próximo negocio: armar y vender computadoras.

Hoy, un modelo de negocios para armar computadoras de escritorio funcionales suena terrible, pero, a mediados de los noventa, era una mina de oro. Todos los adultos que conocía querían una computadora, pero no podían pagarla, así que sabía que la demanda existía. El problema que intentaba resolver era cómo ofrecer computadoras asequibles a personas trabajadoras y de clase media. La solución era tan simple como parecía. Gracias a Whitney, aprendí a combinar componentes como placas madre, placas de video y fuentes de alimentación para armar computadoras. Mi plan era pedir los componentes individuales y construir sistemas comparables a lo que IBM o Compaq estaban vendiendo al público. En ese momento, se podían comprar los componentes individuales necesarios para armar una computadora por cientos de dólares menos de lo que cobraban las grandes empresas de Silicon Valley. Usaría las ganancias de la parrilla de los sábados y de mis otros emprendimientos para financiar la construcción de mi primera máquina.

Compré todas las piezas y me puse a trabajar y ensamblarlo todo. Aunque ya había armado y reparado docenas de computadoras con Whitney, esta era distinta, porque era mía. Esta computadora era la culminación de todos mis emprendimientos, pero faltaba algo. Todo esto fue gracias a quienes me habían permitido brillar: mis padres y Whitney. Quería mostrarles que el tiempo que habían invertido en mí había valido la pena. La mejor forma de hacerlo era vender mi primera computadora.

Dado que no tenía la mejor relación con la autoridad, es gracioso que la primera persona a la que le vendí una computadora fuera un docente de Bahamas Academy. Debió haberme escuchado decir que estaba armando una computadora para vender. Como dicen, una cosa llevó a la otra, y le vendí la máquina con una ganancia de 800 dólares bahameños. Ese capital alcanzaba para comprar piezas para dos computadoras más, que armé y vendí rápido. Para cuando me gradué de Bahamas Academy, había vendido más de una docena de computadoras al cuerpo docente. En algunos casos, les permití a mis profesores pagarme en cuotas. ¿Te imaginas una situación en la que un estudiante le ofrezca financiamiento a un profesor?

Aunque el dinero de las ventas era bueno, que los profesores fueran mi mercado principal significaba más que unos dólares en mi bolsillo. Cada computadora que vendía a un profesor era un voto de confianza en mis capacidades. Todos creían en mí. No era poca cosa que un profesor que ganaba 20 000 dólares bahameños por año comprara una computadora de 3 000 dólares bahameños a un alumno de secundaria. Muchos profesores de secundaria no les confiarían a sus estudiantes ni lavar sus automóviles. Sin embargo, este grupo de profesores vio mi habilidad y confió en mi negocio.

Ese apoyo no solo llegó en forma de transacciones en efectivo. El director de Bahamas Academy me compró una computadora en mi último año. Confió tanto en mi modelo de negocios que me brindó apoyo poco tradicional. Estaba faltando a la escuela algunos viernes para volar a Miami. No quería que mis padres se enteraran de que estaba viajando solo a comprar piezas a Miami. Si podía volar durante un día escolar, podía comprar las piezas y volver a mi casa justo después de la escuela. Mis padres no notarían nada. Después de mi primer viaje de compras exitoso, volé ida y vuelta a Miami casi todos los viernes. El director confiaba tanto en mí que hizo la vista gorda con mi asistencia y nunca me delató ante mis padres, y ese apoyo tácito me permitió moverme con libertad. Es mucha fe y confianza para depositar en un alumno de secundaria.

Tenía la misma dificultad con la educación tradicional que siempre había tenido. Desde los profesores al director, toda esa buena voluntad fue lo que me mantuvo en pie. No olvides que seguía asistiendo a clases, excepto la mayoría de los viernes. Quizás fue aún peor después de arrancar mi negocio de computadoras, porque no podía aplicar lo que aprendía a mis propios intereses.

En mi graduación de Bahamas Academy, el ex primer ministro de las Bahamas, Lynden Pindling, dio el discurso de apertura. Pindling fue una gran figura bahameña, responsable de que las Bahamas lograran independizarse del Reino Unido. Como muchos políticos, Pindling era extenso al hablar y perdí el interés diez minutos después de comenzado su discurso de una hora. Reaccioné cuando lo escuché decir: «Quiero dejarlos con esto».

Hasta ese momento, lo único en lo que podía pensar era en lanzar mi gorro por el aire y dejar atrás Bahamas Academy. Sin embargo, había algo en la voz del ex primer ministro que me hizo prestar atención. Lo miré a los ojos y lo escuché decir: «A veces, el ascensor hacia el éxito va a estar roto y deberán ir por las escaleras».

Esa noche, esas palabras me pesaron profundamente. No pensaba en fiestas de graduación ni en mi futuro inmediato. Me quedé concentrado en las palabras de Pindling. Esa frase dio vueltas en mi cabeza durante meses, hasta que entendí por qué había llamado mi atención: era una fórmula para tener éxito. Sin importar los golpes o retrocesos en el camino, siempre podía usar las escaleras. Esa frase se convirtió en la oración más motivadora de mi vida. Me recordó que siempre debo buscar soluciones en lugar de más problemas. Debía enamorarme de resolver los problemas, no quejarme de ellos. Eso me convirtió en el peor oyente del mundo cuando alguien me cuenta sus problemas. Para el momento en que va por la mitad, ya dejé de escuchar porque estoy pensando en cómo resolverlos. No sé si es bueno o malo, pero así soy.

Apliqué esa misma mentalidad de resolución de problemas al problema de mi futuro. Sabía que necesitaba aprender más para tener éxito, pero la educación tradicional me había fallado. La mayoría de mis amigos querían ir a la universidad y, en algunos casos, eso podía haber sido adecuado para ellos. Yo no iba a intentar con una universidad tradicional, porque sabía que no se adaptaría a mis necesidades.

Recibir una educación no se limita a sentarte y escuchar clases. Puedes recibir educación yendo a un mercado de pulgas, jugando una partida de ajedrez o hablando con una persona mayor. Todo puede ser educativo si tienes una mentalidad de aprendizaje. Cuando quiero ampliar mi educación, busco oportunidades basadas en experiencias del mundo real. En el próximo capítulo de «Cómo convertirse en un león», te enseñaré cómo encontrar las oportunidades educativas que mejor se adapten a ti.

CAPÍTULO 4

CÓMO CONVERTIRSE EN UN LEÓN: AUTOEDUCACIÓN

Si te graduaste de la secundaria o la universidad y no estás donde quieres estar en la vida, ¿por qué sucede eso? La mayoría de las personas va a la universidad con la intención de estudiar, adquirir conocimiento y luego, monetizarlo para poder mantenerse a sí mismas y a sus familias. Como muchos planes, no contempla todos los imprevistos.

La economía mundial está cambiando con rapidez y los programas educativos a veces tardan en adaptarse a los nuevos requisitos de las industrias. Como empleador de más de 1 500 personas, he notado que, si bien los solicitantes de empleo tienen un gran conocimiento básico proveniente de sus estudios, suelen necesitar más capacitación en habilidades especializadas adaptadas a las necesidades de nuestro negocio. Lo que más valoro de un candidato es su potencial y disposición a aprender y crecer.

Tengo muy buena opinión sobre la educación tradicional. En su mejor versión, les brinda a los estudiantes herramientas para comunicarse de manera eficaz, solucionar problemas y entender el mundo desde una perspectiva histórica. Además, muchas profesiones requieren una educación formal como requisito legal previo. Quienes ingresan en campos como la medicina, el derecho o la ingeniería deben completar estudios acreditados para obtener licencias y poder ejercer. Incluso con una formación extensa, estos profesionales continúan aprendiendo a lo largo de toda sus carreras. Un médico recién graduado no realiza una cirugía cerebral de inmediato. Los médicos que adquieren ese conocimiento necesitan años de experiencia práctica y formación constante sobre técnicas nuevas.

Mi intención no es criticar la educación convencional, sino enfatizar que graduarse de la universidad marca el *inicio* de tu recorrido de aprendizaje. Me he encontrado con personas con títulos avanzados que se destacan en el nivel técnico, pero que es posible que necesiten mejorar sus habilidades interpersonales para liderar de manera eficaz. La solución no es socavar su educación, sino reconocer que todos, sin importar su formación académica, pueden beneficiarse del aprendizaje continuo y la mejora de habilidades.

Tú eres el que mejor puede identificar y cerrar las brechas entre las habilidades actuales y las que necesitas para tener éxito. Piensa en actualizar tu mente como actualizas tu teléfono. Actualizamos nuestros dispositivos para usar aplicaciones y funciones nuevas y, de manera similar, podemos mejorar nuestras habilidades mediante la autoeducación a medida que surgen oportunidades e industrias nuevas. La autoeducación te permite perseguir tus pasiones e intereses sin importar la edad, los antecedentes o las circunstancias. Puedes elegir qué, cuándo, dónde y cómo quieres aprender según tus objetivos y preferencias. El aprendizaje autoguiado te ayuda a mejorar tu desarrollo personal y profesional al ampliar tus horizontes, potenciar tu creatividad e impulsar tu confianza. También puedes adquirir nuevas aptitudes y credenciales que aumenten las posibilidades de que tu negocio sea exitoso.

Crecimos escuchando historias de que el dinero no crece en los árboles, que debemos ser agradecidos por lo que tenemos y que nos mantengamos seguros y ahorremos para los momentos difíciles. Esas enseñanzas eran para sobrevivir, no para armar una estrategia. No nacimos en quiebra. Nos enseñaron a estar en quiebra. Mientras nuestros padres se esforzaban al máximo para llegar a fin de mes, nosotros absorbíamos todo. Ahora tenemos acceso, perspectiva y oportunidad. Así que no solo debemos honrar su lucha, sino también romper el ciclo y construir lo que ellos nunca tuvieron la oportunidad de hacer. Ese camino es a través de la autoeducación.

La autoeducación es una inversión en ti mismo. Exploraremos varias opciones de autoeducación con un costo financiero mínimo, pero toda educación tiene un precio. Entregarás tu tiempo y energía mental para aprender habilidades nuevas. La pregunta es la siguiente: ¿Crees lo suficiente en ti mismo como para asumir ese compromiso?

Elegir habilidades que se adapten a tus oportunidades y objetivos de vida

La educación es la base del éxito y saber qué aprender es clave. Eso está muy bien, pero si fuiste a la universidad y no aprendiste lo que necesitabas para tener éxito, ¿cómo sabes qué habilidades necesitarás como emprendedor? Harás algo que nunca harías en la escuela: hacer trampa. Vas a dejar que otra persona haga el trabajo preliminar por ti. En primer lugar, vuelve a la lista de intereses generales que creaste para encontrar tu oportunidad de negocio en el capítulo 2. Arma una lista de los intereses generales que dieron forma a tu oportunidad de negocio. Ahora quiero que pienses en todos los trabajos tradicionales relacionados con cada interés general.

Volvamos al negocio de alquiler de embarcaciones. Los intereses generales que usamos fueron navegación y hospitalidad. Ahora anotaremos los trabajos tradicionales centrados en esos dos intereses. Aquí hay algunas opciones:

- Mecánico de embarcaciones
- Marinero
- Encargado de muelle

- Capitán de barco
- Cocinero de yates

Alguien que dirige un negocio de alquiler de embarcaciones realiza una combinación de todos estos trabajos.

Ahora, busca cada uno de estos trabajos en sitios como Indeed, Glassdoor o Monster. ¿Qué calificaciones, habilidades o certificaciones requiere cada puesto? Una vez que hayas anotado todo, empieza a filtrar las habilidades que sabes que no necesitarás. Por ejemplo, un puesto de capitán de barco puede exigir experiencia supervisando tripulaciones de más de cien navegantes. Eso no aplicaría para operar una sola embarcación de alquiler. Esa misma publicación podría tener otros requisitos, como navegación astronómica y por GPS. Esas dos habilidades sí serían esenciales para los recorridos en embarcaciones alquiladas.

> Aprende lo que es relevante. Crea lo que viene. Deja de seguir mapas desactualizados hacia destinos que ya no existen.

La lista de habilidades que se relaciona directamente con tu oportunidad de negocio es tu enfoque a partir de ahora. ¿Qué habilidades tienes y cuáles necesitas aprender? La pregunta es la siguiente: «¿Cómo obtendré ese conocimiento?». Es hora de empezar a tratar la autoeducación como un negocio. Querrás obtener la mejor educación posible que se adapte a tu presupuesto y tiempo.

Antes de adentrarse en cualquier camino educativo, es fundamental confirmar que estés alineado con resultados realistas. Ya sea que busques un título, quieras desarrollar una habilidad o lanzar una idea de negocio, empieza por examinar qué están logrando o ganando los profesionales o emprendedores de tu campo. Esta investigación te ayuda a establecer expectativas de ingresos desde el principio, antes de comprometer tiempo, esfuerzo y fondos.

Por ejemplo, si estás pensando en convertirte en capitán de embarcaciones de alquiler, no te enfoques solo en imaginar días perfectos en el agua. Investiga las ganancias anuales de los capitanes de embarcaciones en tu zona, comprende la dinámica de sus temporadas altas y bajas, evalúa los gastos operativos y determina cuántas reservas se necesitan para obtener ganancias. De manera similar, si piensas en obtener un título en un campo específico, investiga los salarios iniciales, los tiempos de crecimiento profesional y la demanda laboral en tu región.

Este proceso de validación no busca desmotivarte, sino ayudarte a tomar decisiones informadas. Quizás descubras que tu camino tiene más potencial del que creías en un principio o tal vez te des cuenta de que debes ajustar tus tiempos o estrategias. En cualquier caso, tener expectativas realistas desde el comienzo te permite planificar de manera más eficiente y evaluar tu progreso en función de objetivos alcanzables.

Más adelante en este capítulo, analizaremos caminos gratuitos o económicos para la autoeducación. Sin embargo, la autoeducación económica no siempre es la mejor decisión. En mayo de 2023, realicé un curso de ocho semanas sobre inteligencia artificial que ofrecía la Universidad de California, Berkeley. La clase estaba dictada por expertos de la industria que cubrían la teoría de la IA y ejemplos prácticos de cómo se podía aplicar en los negocios. Este curso de ocho semanas me costó 2 800 dólares bahameños y un compromiso de seis a ocho horas semanales. Este tiempo fuera del trabajo fue más costoso que el precio del curso en sí, pero no podía *perderme* esta clase. Aprendí cómo mis competidores utilizaban la IA a su favor. Si quiero que mi negocio siga en juego en los próximos años, tengo que adaptarme al uso de la IA.

Mi decisión de realizar el curso de Berkeley surgió de responder esta pregunta: «¿Podré monetizar el conocimiento por el que estoy pagando?». Si obtienes un retorno favorable de esa inversión, entonces vale la pena considerarla. La supervivencia y el crecimiento de mi empresa valían ampliamente el costo del curso. Si pagar por una educación no puede aumentar el valor de tu negocio, generar ingresos o mejorar tu calidad de vida, entonces quizás no sea la inversión adecuada en ese momento.

La autoeducación no siempre viene con un precio. Muchos creen que aprender habilidades o conocimiento nuevos requiere inscribirse en cursos costosos o comprar libros y materiales caros. Sin embargo, exploraremos muchas formas de educarse gratis o a bajo costo en la próxima sección. Recuerda que la autoeducación no se limita por el dinero, sino por la curiosidad y la motivación.

Aprendizaje en línea

El aprendizaje en línea es una excelente manera de adquirir habilidades y conocimientos nuevos sin asistir a un aula física. Ofrece flexibilidad, comodidad y asequibilidad para quienes desean perseguir sus objetivos personales o profesionales. Para un emprendedor, el aprendizaje en línea puede ser muy beneficioso, porque le permite avanzar a su propio ritmo, elegir entre una amplia variedad de cursos y temas, y acceder a instructores y mentores expertos de todo el mundo. A continuación, encontrarás varios sitios confiables que permiten a cualquier persona con conexión a internet aumentar su base de conocimientos:

Coursera

- Coursera es una plataforma mundial de aprendizaje en línea que ofrece a cualquier persona, en cualquier lugar, acceso a cursos y títulos en línea de más de 275 universidades y empresas. Entre las principales universidades asociadas a Coursera, se encuentran Universidad de Stanford, Universidad de Yale y Universidad de Pensilvania. Las empresas participantes incluyen Amazon Web Services, Google e IBM, que aportan cursos y ejercicios basados en situaciones reales. Los estudiantes pueden obtener certificados digitales para compartir en sus currículums o en su red de LinkedIn.

Instituto de Tecnología de California (Caltech): Caltech Online

- Caltech Online ofrece cursos de vanguardia sobre ciencia, ingeniería, tecnología y negocios, impartidos por profesores reconocidos a nivel mundial. Muchos programas están disponibles de manera gratuita o a bajo costo y brindan una educación de alta calidad proveniente de una de las instituciones más prestigiosas del mundo.

Universidad de California, Berkeley: BerkeleyX (EdX)

- BerkeleyX forma parte de la asociación de UC Berkeley con EdX y ofrece una variedad de cursos profesionales y académicos en áreas como negocios, informática, humanidades y políticas públicas. Con cursos autoguiados y otros impartidos por profesores, los estudiantes pueden adquirir habilidades valiosas de una universidad de alto nivel, según su propia disponibilidad.

Instituto de Tecnología de Massachusetts (MIT): OpenCourseWare

- Proporciona acceso gratuito a los materiales de cursos universitarios y de posgrado de MIT. Ofrecen cursos de distintos temas, como ingeniería, ciencia, humanidades y ciencias sociales. Cuentan con una biblioteca de más de 2 400 cursos, incluidas notas de clases, tareas, exámenes y videos.

Reuniones y grupos de pasatiempos

Ser un emprendedor requiere múltiples habilidades y el conocimiento adecuado para tener éxito en tu campo. Una forma valiosa de adquirirlos es unirse a reuniones locales o grupos de pasatiempos relacionados con tus intereses u objetivos. Los grupos de pasatiempos o reuniones locales son encuentros de personas que comparten una pasión o curiosidad por algo en común. Pueden ser de cualquier tipo: clubes de tecnología, talleres de fotografía, clubes de lectura, grupos de senderismo, clases de cocina y mucho más. Puedes encontrarlos en línea en plataformas como Meetup.com, Facebook o Eventbrite.

Al unirse a estos grupos, te conviertes, en cierto modo, en un emprendedor en formación. En primer lugar, obtendrás una base para aprender las habilidades que necesitarás para convertir tus intereses generales en un negocio. Muchos aficionados tienen un conocimiento profundo de sus pasatiempos. Puedes aprender habilidades nuevas o mejorar las que ya tienes al interactuar con otros miembros con más experiencia o especialización. Por ejemplo, si quieres abrir un negocio basado en la fotografía, puedes unirse a un taller de fotografía y aprender distintas técnicas de otros fotógrafos.

Puedes generar contactos con personas afines que se pueden convertir en posibles socios, clientes, mentores o amigos. Nunca se sabe a quién podrías conocer en estos eventos ni qué oportunidades podrían surgir. Por ejemplo, si estás buscando un cofundador para tu emprendimiento, podrías encontrar a alguien que comparta tu visión y valores en un grupo de reuniones. De lo contrario, si estás buscando clientes para tu producto o servicio, podrías encontrarlos en un grupo de pasatiempos.

Soy un fiel creyente de la experiencia práctica como complemento del aprendizaje en el aula. Unirse a grupos locales de pasatiempos o reuniones puede ser una excelente forma para los emprendedores de obtener habilidades prácticas y conocimientos de manera asequible. Supongamos que estás pensando en abrir el negocio de alquiler de embarcaciones del que hablamos en el capítulo 2 y te unes a un grupo de entusiastas de la navegación. Uno de los miembros podría tener un problema con su motor externo y todos intentarán ayudarlo. Quizás no seas el mejor mecánico, pero tendrás un laboratorio de aprendizaje para el mantenimiento de motores. Cada vez que encuentres maneras de sumar experiencia práctica y aprender algo nuevo, significa que estás en el camino correcto.

El aprendizaje práctico complementa el trabajo del aula, ya que las situaciones del mundo real suelen presentar desafíos y problemas inesperados. Cuando participas en un grupo de pasatiempos, estás *realizando* la actividad que te interesa y combinas el conocimiento teórico con la experiencia práctica de los demás miembros. Todo esto sucede en un entorno donde puedes hacer conexiones y realizar investigación de mercado mientras aprendes.

Prácticas

Esto nos lleva a uno de los mejores métodos de aprendizaje: las prácticas. Antes de que existieran las escuelas de oficios organizadas, los jóvenes iban a trabajar con un maestro del arte u oficio que deseaban aprender. Históricamente, las prácticas no ofrecían más compensación que alojamiento, comida y el conocimiento que el maestro del oficio transmitía. Al pensar en oportunidades educativas para emprendedores, las prácticas no parecerían tan atractivas. Esto es especialmente cierto si no puedes dejar tu trabajo actual para convertirte en un pasante a tiempo completo.

La experiencia es uno de los ingredientes principales del éxito, ya sea que estés iniciando un emprendimiento o buscando conseguir el trabajo de tus sueños. La experiencia siempre te pondrá en el primer lugar de la fila. El conocimiento y las habilidades que se adquieren a través de la práctica en el mundo real son invaluables y casi imposibles de replicar en un entorno de clases.

Siempre puedes conseguir un trabajo a tiempo parcial en la industria donde te gustaría abrir un negocio. Te pagarán mientras ganas experiencia. Los fondos que generes de ese trabajo a tiempo parcial puedes usarlos para financiar la apertura de tu propio emprendimiento. Volvamos al negocio de alquiler de embarcaciones. Para mejorar tu conocimiento sobre embarcaciones, podrías conseguir un trabajo de fin de semana como encargado del muelle. Quizás no sea el puesto más glamoroso, pero estarás en un entorno ideal para descubrir qué problemas surgen con las embarcaciones, encontrar qué desafíos enfrentan los capitanes y aprender lo esencial del mantenimiento.

Aprovechar el concepto de las prácticas se resume en esta pregunta: ¿Qué estás dispuesto a hacer para tener éxito? Quienes quieren aprender y crecer siempre encuentran la manera. No dejes que el orgullo te impida aceptar un puesto que te pagará enormes dividendos en conocimiento. Tienes grandes planes. Si pagar derecho de piso te acerca a abrir un negocio, hazlo.

Habilidades que todo emprendedor debería tener

Ahora que conocemos algunas vías de autoeducación y cómo definir las habilidades necesarias para tu negocio, hay otras competencias que todo emprendedor debería tener. Adquirir estas habilidades no es solo una recomendación práctica. Necesitarás al menos una comprensión básica de estas áreas para convertirte en un emprendedor exitoso, sin importar la industria de tu negocio.

EDUCACIÓN FINANCIERA

Aprender sobre finanzas puede no ser el tema más emocionante, pero tener un conocimiento práctico de contabilidad, instituciones financieras y seguros es necesario para operar un negocio. La experiencia en estas áreas es clave para el éxito y el crecimiento de cualquier emprendimiento. Al gestionar los recursos financieros de manera eficaz, los emprendedores pueden tomar decisiones basadas en datos, llevar un seguimiento del desempeño y garantizar la sostenibilidad a largo plazo. A continuación, se presentan algunas habilidades contables esenciales que todo emprendedor debería tener.

Hay muchos cursos cortos que pueden brindar una base sólida para navegar las complejidades del mundo financiero. Este conjunto de habilidades es valioso tanto para los negocios como para la vida personal. Por suerte, las empresas de software han reconocido este desafío para los emprendedores y han simplificado la implementación de la contabilidad en los negocios. Las herramientas suelen ser fáciles de usar y aprender, y realizan gran parte del trabajo por ti. Tras ejecutar algunos informes, tendrás toda la información necesaria sin ser un experto en contabilidad. Mientras mejor lleves un seguimiento y comprendas tus finanzas, mayores serán tus probabilidades de éxito.

En primer lugar, es fundamental tener una comprensión sólida de los estados financieros. Los emprendedores deben poder interpretar y analizar estados de resultados, balances generales y estados de flujos de efectivo. Este conocimiento te permitirá evaluar la salud financiera del negocio, identificar áreas de mejora y tomar decisiones estratégicas basadas en datos financieros precisos. Un área clave del pensamiento a largo plazo es el presupuesto y la proyección financiera. Debes entender cómo desarrollar pronósticos financieros, proyectar ingresos y gastos, y planificar futuras expansiones. Crear un presupuesto realista ayuda a asignar recursos de manera eficiente, establecer objetivos financieros y evaluar el desempeño.

Los emprendedores también deben contar con buenas habilidades de registro contable. De nuevo, el software contable facilita estas tareas necesarias. Cuando estés comenzando, deberás usar múltiples herramientas. Cuando tu negocio crezca lo suficiente, podrás contratar personal para delegarle estas funciones. Sin importar qué nivel de emprendedor seas, aún debes entender las finanzas, sea tu responsabilidad diaria o no. Mantener registros financieros ordenados y precisos es fundamental para controlar el flujo de efectivo, llevar un seguimiento de los gastos, preparar declaraciones de impuestos y comprender las leyes tributarias. Incluso en negocios pequeños, entender las obligaciones, los incentivos y las deducciones impositivas puede optimizar tu situación impositiva. Cumplir con las regulaciones impositivas te ayudará a evitar problemas legales y multas financieras.

Comprender lo básico del sistema bancario hace que tu vida como emprendedor sea mucho más sencilla. Esto incluye conocer productos y servicios bancarios, como cuentas comerciales, préstamos, líneas de crédito y servicios de procesamiento de pagos. Debes considerar las tarifas relacionadas con estos servicios y comparar distintas instituciones bancarias para elegir la que mejor se adapte a las necesidades de tu negocio.

Por último, debes conocer los distintos tipos de cobertura de seguro disponibles e identificar cuáles son relevantes para tu negocio. Esto puede incluir seguro de responsabilidad civil general, seguro de propiedad, seguro de responsabilidad profesional y seguro de compensación laboral. Comprender límites de cobertura, exclusiones y deducibles es esencial para garantizar una protección adecuada y mitigar posibles pérdidas financieras.

REDES SOCIALES

Las redes sociales son una herramienta poderosa para que los negocios conecten con su público objetivo, construyan reconocimiento de marca e impulsen el crecimiento. Por eso, los emprendedores deben tener conocimientos prácticos sobre las redes sociales para aprovechar ese potencial en su negocio. Las redes sociales ofrecen una vía directa y rentable para alcanzar el mercado objetivo. Las plataformas como Facebook, Instagram, TikTok y X permiten conectar con posibles clientes, compartir novedades sobre productos o servicios, y construir una comunidad en torno a la marca. Al utilizar las redes sociales de manera eficaz, los emprendedores pueden crear contenido atractivo, realizar publicidad segmentada y participar en conversaciones con los clientes.

Es fundamental familiarizarse y capacitarse en el uso de software generador de contenidos. La inteligencia artificial se ha democratizado y ha facilitado la edición de videos, la edición de fotografías y la creación de contenido. La interacción con la audiencia es clave para el éxito en redes sociales y algunas herramientas automatizarán no solo la creación de su contenido, sino también su publicación y la medición de resultados. No hace falta adivinar cómo maximizar este potencial. De un modo bastante interesante, se pueden utilizar herramientas como ChatGPT para encontrar la mejor manera de desarrollar una estrategia de redes sociales adecuada y eficaz. Bien usada, la IA puede enseñarles a usar IA.

Las redes sociales también tienen una función importante en la gestión de la reputación. Los emprendedores deben saber qué se dice sobre su marca en línea y estar preparados para responder comentarios o críticas de inmediato. No se trata solo de prestar atención a lo que pasa con tus clientes. Al controlar y gestionar de manera activa su presencia en redes sociales, los emprendedores pueden proteger su reputación, generar confianza con sus clientes y mejorar la experiencia del cliente. Además, las redes sociales son una plataforma ideal para la investigación de mercado y el análisis de la competencia. Al observar las tendencias, controlar conversaciones y analizar las estrategias del competidor, se puede obtener información valiosa sobre las preferencias del consumidor, identificar oportunidades nuevas y mantenerse competitivo.

Las redes sociales también ofrecen oportunidades para hacer contactos y colaborar. Los emprendedores pueden conectar con personas influyentes de la industria, posibles socios comerciales, proveedores y referentes del sector. Construir una red sólida en redes sociales puede llevar a colaboraciones y alianzas valiosas, y acceso a nuevos recursos y oportunidades. La clave es ser estratégico: prioriza construir relaciones genuinas en lugar de simplemente acumular seguidores.

Un punto crítico a considerar sobre el uso de las redes sociales es que es muy fácil, ya sea a nivel profesional o personal, pasar demasiado tiempo en estas plataformas. Estas aplicaciones utilizan algoritmos y tecnología sofisticada para mantenerte navegando sin fin. Sé consciente de a quién sigues y qué estás viendo en las redes sociales. Si te das cuenta de que pasas mucho tiempo revisando publicaciones, quizás sea hora de un descanso de las redes. Tómate uno o dos días fuera de las redes y regresa para volver a analizar cómo las utilizas. Analiza profundamente qué estás consumiendo. Intenta dejar de seguir a personas o empresas que no aporten valor ni complementen tus objetivos profesionales. El principio de «lo que das es lo que recibes» también aplica a la mente. Si llenas tus pensamientos con contenido que no se alinea con tus metas, se hace más difícil concentrarse en lo que realmente importa.

Recuerda, las redes sociales deben beneficiar a tu negocio, no perjudicarlo. Utiliza las herramientas disponibles y la ayuda de la IA para crear un enfoque sistemático que te ahorre tiempo mientras maximizas tu alcance e interacción. El objetivo es construir conexiones auténticas con la audiencia mientras mantienes la eficiencia operativa.

TECNOLOGÍA

Utilizo el término *tecnología* en su sentido más amplio para esta sección. Para elegir las habilidades que se adapten a tus oportunidades y objetivos de vida, debes entender que la tecnología es esencial para que todas las industrias se mantengan competitivas. Sin importar en qué industria te encuentres trabajando o iniciando un negocio, también estás trabajando indirectamente con la tecnología. La tecnología les permite a los emprendedores simplificar sus operaciones y mejorar la eficiencia. Con un conocimiento básico de tecnología, puedes identificar las herramientas y soluciones de software adecuadas para automatizar tareas repetitivas, gestionar datos de manera eficaz y aumentar la productividad. Optimizar procesos, reducir costos y asignar recursos de manera más eficiente te dará una ventaja competitiva en el mercado.

La inteligencia artificial ha impactado realmente en la forma de hacer las cosas en distintas industrias. No necesitas ser demasiado técnico para contar con un nivel básico de competencia tecnológica que contribuya a tu negocio. Las herramientas impulsadas por la IA han facilitado la realización de múltiples tareas dentro de una empresa, como automatizar flujos de trabajo, analizar datos, mejorar la atención al cliente y optimizar procesos de toma de decisiones.

Además, debes mantenerte actualizado sobre cómo la inteligencia artificial está afectando tu negocio e industria. Si no tienes un buen punto de referencia, realiza una búsqueda simple en ChatGPT y pregúntale lo siguiente: «¿Cómo afecta la IA al negocio del reparto de comida a nivel mundial?». A partir de las respuestas, podrás consultar qué herramientas mejorarán tus operaciones. El secreto reside en dominar el uso de las herramientas. Descubre distintas herramientas, aprende sobre ellas y entiende cómo puedes mejorar la eficiencia tanto en tu vida personal como en la gestión de tus tareas diarias. Como mencioné, las herramientas pueden facilitar la automatización y ofrecer muchos otros beneficios.

También te recomiendo que te asegures de que estés utilizando software de primer nivel para tu negocio. El Software como servicio (SaaS) permite obtener una licencia mediante una tarifa mensual razonable, sin importar en qué industria estés. A continuación, encontrarás algunos ejemplos de SaaS que pueden ayudar a tu negocio.

- **QuickBooks Online**: contabilidad.
- **Salesforce**: gestión de relaciones con clientes (CRM).
- **Shopify**: sistemas de vidrieras y puntos de venta (POS) de comercio electrónico.
- **Slack**: comunicación interna del equipo.
- **Canva**: diseño gráfico y creación de contenido.
- **HubSpot**: automatización de marketing y gestión de clientes potenciales.
- **Trello o Asana**: gestión de proyectos y tareas.
- **Zoom**: videoconferencias y reuniones virtuales.

Investiga e identifica qué software se suele utilizar en tu industria para gestionar y llevar a cabo operaciones comerciales. Intenta utilizar soluciones de software de primer nivel siempre que sea posible. A menos que tu negocio sea completamente único, se recomienda evitar el desarrollo de software personalizado. El esfuerzo y los costos implicados en actualizar soluciones personalizadas para nuevos sistemas operativos y versiones de teléfono, junto con mantener un equipo de desarrollo, pueden resultar elevados y desviar la atención del enfoque principal de tu negocio.

Cuando utilizas software de primer nivel, se benefician de todas las soluciones a los puntos de dolor operativos que facilitan la gestión de un negocio eficaz y eficiente. La mayoría de estas soluciones de software de primer nivel ya viene preintegrada con pasarelas de pago populares, conexiones con redes sociales, herramientas de CRM, herramientas de inteligencia empresarial y plataformas de comunicación. El poder de la IA ha democratizado la información al punto tal de que todo lo que no sabes pueden preguntarlo y obtener respuestas en cuestión de segundos. Esto te da la posibilidad de ser tan curioso como quieras y aprender lo que necesites, a demanda.

Los emprendedores que se mantienen al día con las tecnologías emergentes pueden aprovechar las oportunidades que genera el cambio tecnológico. A medida que la tecnología avanza, surgen innovaciones y eficiencias. El emprendedor inteligente se adaptará a cada tecnología nueva para aumentar la productividad y la rentabilidad. Al aprender habilidades nuevas, explorar campos distintos y crear soluciones innovadoras, los individuos expertos en tecnología pueden obtener una ventaja competitiva y prosperar en tiempos de cambio. Ya sea aprovechar la inteligencia artificial, la cadena de bloques («blockchain») o el Internet de las cosas (IoT), la tecnología les brinda a los emprendedores herramientas para transformar industrias e impulsar el crecimiento empresarial.

En el capítulo 2, hablamos sobre asistir a ferias comerciales para identificar oportunidades. Una vez que tu negocio esté en funcionamiento, invierte en educarse sobre la tecnología relevante para tu industria al asistir a la misma feria comercial al año siguiente. Tu perspectiva será diferente ahora que tienes algo de experiencia. Notarás con facilidad cómo las innovaciones tecnológicas pueden beneficiar tu negocio y te mantendrán actualizado con lo que vendrá en los próximos años. Puedo garantizarte una cosa: si tienes miedo o desestimas una tecnología nueva, tu negocio se perderá oportunidades valiosas.

VALOR

La última área de conocimiento general que necesitarás para operar un negocio es evaluar el valor. Esta habilidad implica determinar el valor o la importancia de algo según sus cualidades, beneficios y costos. Al aprender a evaluar el valor, podrás tomar decisiones acertadas al comprar productos, invertir en activos o elegir oportunidades. Evaluar el valor implica recopilar información relevante, considerar distintas perspectivas y medir los beneficios contra los riesgos o gastos. Muchas personas aprenden sobre el valor a través de prueba y error con sus decisiones de tiempo y dinero.

El valor también puede analizarse desde el punto de vista de lo que sus productos, servicios o ideas aportarían a los demás. ¿Qué conocimiento posees que está en alta demanda entre personas adineradas? ¿En qué habilidades sobresales que las personas pudientes necesitan? El dinero es atraído por el valor y comprender esto es clave para alcanzar el éxito.

Muchos emprendedores se enamoran de su idea antes de demostrar que el mercado la quiere. La verdad es que al mercado no le importa cuán apasionado seas. Le importa aquello que le resuelva un problema o cubra una necesidad real. Antes de pasar meses o gastar dinero en construir un producto, prueba la demanda hablando con posibles clientes. Crea una página de inicio simple en tu sitio web que ofrezca una lista de espera o preventa. Si nadie muerde el anzuelo, está bien: te ahorraste tiempo y energía. Pasa a la siguiente oportunidad. Si la demanda por tu producto o servicio es sólida, podrás construir impulso para lanzar tu negocio.

Debes apreciar y tener claro el valor que tu producto o servicio les brinda a los clientes. Entender tu valor te garantiza que no te vendas por menos ni estás exagerando tus precios.

Es posible que hayas escuchado a las empresas hablar sobre su *misión* y sus *valores*, pero ¿qué significan realmente esas palabras? La misión de una empresa es su razón de existir: el gran «por qué». La misión es el porqué: ¿por qué existes? Define el propósito principal de una empresa. Los valores son lo que tú representas. Son las creencias y los principios que definen la cultura, el comportamiento y la toma de decisiones de la empresa. Definen cómo trabaja el equipo, cómo se tratan entre sí, cómo interactúan con los clientes y cómo llevan adelante el negocio.

Conclusión

Estas son solo algunas ideas iniciales sobre la autoeducación. Hay cientos de maneras de obtener más conocimiento sobre tu industria y aplicar ese saber a tu negocio. Podría llenar el resto de este libro con esas oportunidades, pero no significarían nada sin el deseo de aprender.

Las personas más exitosas no son necesariamente las que tienen más credenciales, son la que se comprometen a ser estudiantes de por vida. El mundo evoluciona, las industrias cambian y la manera de hacer negocios se transforma constantemente. El momento en que creas que ya aprendiste lo suficiente, comenzarás a quedarte atrás. Ya sea a través de la lectura, con mentorías, experiencia práctica o prueba y error, tu capacidad de seguir aprendiendo determinará hasta dónde llegarás.

Si eres curioso por naturaleza y buscas el conocimiento, maravilloso. Si tuviste experiencias desafiantes con la educación tradicional, no permitas que eso te desaliente de aprender de otras formas. Encuentra métodos que hagan que aprender cosas nuevas sea una experiencia disfrutable.

En el próximo capítulo, verás cómo se desarrolló mi recorrido educativo. No seguí el mismo camino que la mayoría de mis amigos de secundaria y creo que tomé la decisión correcta para mis circunstancias. Cuando decidas sobre tu educación, sigue tu corazón y recuerda que siempre puedes volver a ajustar tu camino. Siempre puedes buscar más educación si consideras que podría ser beneficiosa. Si recién acabas de terminar la secundaria y no estás seguro de si la universidad es para ti, utiliza las estrategias de este capítulo para guiar tus próximos pasos educativos. Si fuiste a la universidad y sientes que necesitas más habilidades, puedes adquirirlas en cualquier momento.

En cualquier caso, tú eres el responsable de tu destino educativo. Pero recuerda que la clave es nunca dejar de aprender. Mientras más crezcas, más oportunidades crearás para ti mismo.

Ahora sal y aprende algo nuevo.

CAPÍTULO 5
ÉXITO TEMPRANO

Sabía que no quería ir a la universidad cuando terminara la secundaria. No me malinterpretes, la universidad ofrece un valor enorme a muchas personas. Aporta independencia, exposición a ideas nuevas y la posibilidad de encontrar personas que puedan formar redes personales y profesionales que definan la trayectoria de tu vida. Para muchos de mis amigos, fue la decisión correcta y construyeron carreras impresionantes gracias a su educación. Sin embargo, debía ser sincero conmigo mismo. Tenía un amor profundo por la tecnología y el aprendizaje práctico. El camino universitario tradicional no era el más adecuado para mí. Había pasado los últimos doce años en aulas y sabía que aprendía mejor haciendo que sentándome a escuchar clases. Gracias a manejar mi propio negocio de armado de computadoras y trabajar con tecnología de manera directa, presencié de primera mano cuán rápido la tecnología pasó de ser una moda a convertirse en una necesidad. Las personas a mi alrededor cambiaban sus buscapersonas por celulares. Personas que juraban no entender cómo funcionaban las computadoras las compraban para sus hogares. Todas estas señales apuntaban a algo grande en el horizonte. Sentía que podía llegar antes a través de la experiencia directa que con cuatro años más de educación formal. No era que un camino fuera mejor que el otro; se trataba de encontrar el que mejor se adaptara a mí.

A mis padres no les entusiasmaba la idea de que no fuera a la universidad. Habían hecho sacrificios para asegurarse de que recibiera una buena educación y, en nuestra familia, ir a la universidad era la única opción. Sin embargo, también conocían mi pasión por la tecnología y valoraban mi forma de aprender. Cuando les propuse asistir a una escuela de formación tecnológica en lugar de una universidad tradicional, estuvieron dispuestos a escuchar.

Convencerlos fue más fácil de lo que esperaba, gracias a la Universidad DeVry. Esta «universidad» de los Estados Unidos era, en realidad, más una escuela de formación técnica especializada en tecnología que una universidad. No se podía ver un programa de televisión en los noventa sin cruzarse con sus anuncios. Las publicidades mostraban a graduados exitosos de DeVry que trabajaban para grandes empresas tecnológicas y aseguraban que su plan de estudios enseñaba exactamente las habilidades que los estudiantes necesitaban para una industria en constante cambio. Mis padres habían visto estos anuncios cientos de veces, así que, cuando les conté sobre un programa similar en una escuela técnica de Miami (a solo una hora de vuelo de casa), aceptaron. Lo vieron como un buen arreglo. Obtendría una educación tecnológica práctica y estaría lo suficientemente cerca de casa como para visitarlos.

Comencé a cursar en octubre de 1998 y, en solo dos semanas, me di cuenta de que este programa de estudios no era el adecuado para mí. El plan de estudios suponía que los estudiantes no sabían la diferencia entre una placa madre y un teclado. Mientras mis compañeros estaban recibiendo una base sólida de conocimientos básicos de tecnología, yo empezaba a impacientarme. Llevaba años armando computadoras y resolviendo problemas técnicos. Después de dos semanas de ver lo mismo de siempre, entendí que necesitaba otro tipo de educación: una que viniera de resolver problemas reales en el mercado.

En ese momento, vi un anuncio en el *Miami Herald* que lo cambiaría todo. Una tienda importante de electrónicos vendía antenas satelitales por

49,99 USD, que incluían más de 200 canales de televisión por una tarifa mensual baja. ¿Qué adolescente de 18 años no querría eso en su departamento de una habitación? Después de clases, fui a la tienda y compré una. Como no había carritos disponibles, cargué la caja pesada en el hombro y caminé hacia mi automóvil.

«¿Necesitas ayuda con eso?»

Me di vuelta y vi al empleado de la tienda de electrónicos que acababa de vendérmela.

«No, puedo colocarla en mi automóvil», le respondí.

«Me refiero a instalarla», aclaró.

«No, yo puedo. Soy bastante habilidoso con la tecnología. Es solo conectar unas cosas y llamar al 0-800. Es fácil, no es una ciencia espacial».

Asintió con la cabeza y se inclinó un poco. «Sabes, estas cosas están volando. Solo podemos vender una por cliente por el precio promocional, pero las personas vuelven con amigos y familiares para comprar más. El equipo de instalación de la empresa está saturado desde hace semanas». Hizo una pausa. «Mira, si realmente puedes instalarlas, solo quiero 25 dólares por cada cliente que te mande».

En ese momento lo entendí. Las personas querían esas antenas de inmediato, pero solo podían comprar una por persona y tenían que esperar tres semanas para la instalación. Tenía las habilidades técnicas y el tiempo.

«¿Cuántas venden por día?», le pregunté.

«De 30 a 40 unidades por envío. Se agotan en horas. Las citas de instalación están completas durante tres semanas».

Mientras cargaba la antena en mi automóvil, volvió a acercarse. «Si hablas en serio sobre las instalaciones, conozco personas en otras tiendas de electrónicos en Miami. Todos hablamos entre nosotros. Podría ayudarte a conseguir más antenas cuando las necesites».

Era exactamente lo que necesitaba: conexiones en distintos locales para resolver cualquier problema de suministro y poder escalar. El camino a casa lo pasé sacando cuentas. Podía comprar las antenas a 49,99 USD y revenderlas con instalación en el mismo día, mientras la empresa oficial tenía una demora de tres semanas. Las ganancias eran atractivas.

Esa noche, llamé a algunos amigos locales y les expliqué la oportunidad. La entendieron de inmediato y se ofrecieron a ayudarme a comprar antenas en distintas tiendas. En menos de una semana, ya había instalado la mía, de manera muy sencilla, y me había llevado menos de una hora. Publiqué mi primer anuncio en el diario: «Instalación de antenas satelitales: servicio en el mismo día por 150 USD».

La respuesta fue inmediata. Mi teléfono empezó a sonar con clientes desesperados. Algunos querían comprarme todo el paquete, mientras que otros ya tenían su antena, pero no querían esperar tres semanas para la instalación de la empresa. De cualquier manera, ganaba entre 150 y 300 dólares por trabajo. Mis amigos del restaurante, los amigos de mis padres... todos querían el servicio.

Necesitaba crecer. Estaba ganando buen dinero, pero manejaba todo el día en mi automóvil destartalado con las antenas y herramientas básicas que no parecían profesionales. Después de unas semanas de trabajo constante, supe que era hora de realizar una inversión formal.

La solución vino del dinero de mi matrícula. Mi padre me había mandado 7 000 dólares para cubrir el saldo de mi matrícula de 10 000 dólares. Sin embargo, había hecho un poco de magia con la oficina de admisiones. Les había dicho que mi padre había perdido su empleo y necesitábamos un plan de pagos. No era cierto, pero se lo creyeron y aceptaron 3 000 dólares como adelanto. Eso me dejó con 7 000 dólares de capital para trabajar. Compré un vehículo para trabajar, herramientas profesionales de instalación, una escalera de calidad y todo lo que necesitaba para brindar un servicio premium.

La transformación fue inmediata. Con el equipo adecuado, podía manejar más trabajos de manera eficiente y cobrar precios más altos. La noticia sobre mi calidad y velocidad se difundió rápido y, en menos de un mes, estaba completamente reservado.

Mi teléfono sonaba sin parar: en clases, en la cena y en citas. Siempre había alguien que necesitaba una instalación. Tenía una libreta para anotar las citas y el volumen de trabajo se volvió tan intenso que comencé a tomarme horas de mis clases de los lunes y miércoles. Algunos días, me sentaba en el estacionamiento de las tiendas de electrónicos a esperar llamados, encontrarme con clientes allí y seguirlos hasta sus hogares para la instalación. En menos de un mes, había dejado de asistir a las clases de los lunes, luego comencé a llegar tarde los martes y jueves.

El momento de la verdad llegó dos días antes del Black Friday (Viernes Negro). Esa mañana, camino a la escuela, quedé atrapado en el semáforo al salir de mi complejo: perderlo significaba esperar cuatro o cinco minutos. Mientras estaba ahí sentado, agotado de intentar manejar todo, cerré los ojos.

En ese momento, vi a mi profesor parado frente a la clase con su camisa favorita, la que usaba tres veces por semana, pero le faltaba el tercer botón. Después de clases, caminaba hasta su Nissan Sentra de 1989, al que le faltaba la cubierta trasera izquierda. Esa imagen cristalizó algo contra lo que venía peleando. Ahí estaba, aprendiendo sobre tecnología en un aula cuando la verdadera revolución tecnológica estaba pasando afuera. Ya estaba solucionando problemas reales para clientes y construyendo algo tangible. La desconexión entre la teoría y la práctica nunca había sido tan evidente.

Una bocina sonó detrás de mí, el semáforo se había puesto verde. Al avanzar, enfrenté mi decisión. Un giro a la derecha para ir a la escuela y un giro a la izquierda me llevaba a la tienda de electrónicos y mi vida real.

Apreté el acelerador e hice el giro a la izquierda más brusco de mi vida.

Nunca volví.

Ahora estaba en control de mi destino y era momento de expandirme. Cuando hablé con mis amigos de casa, me enteré de que esos sistemas satelitales no estaban disponibles en las Bahamas. Empecé a promocionarlos con mi número de buscapersonas de las Bahamas. Los jueves por la noche o los viernes temprano, compraba todos los sistemas que podía, reservaba un vuelo comercial a casa y pagaba para enviar conmigo los sistemas en el avión. El momento en el que aterrizaba, prendía mi buscapersonas y lo veía explotar de mensajes.

Como ofrecía un producto y un servicio que casi nadie tenía en la isla, podía cobrar 800 dólares por algo que me costaba 200 en los Estados Unidos. Los clientes pagaban felices el paquete completo: la antena, los insumos y la instalación. El domingo por la noche, volaba de regreso a Miami y repetía el ciclo.

Un domingo, cuando estaba por irme al aeropuerto, recibí un llamado de último momento para una instalación. Valía la pena reprogramar mi vuelo por un trabajo de 800 dólares, así que agarré mis herramientas y me dirigí a la casa del cliente.

La mujer que me atendió me miró sorprendida. «¿Sebas?»

El estómago me dio un vuelco. Era la jefa de mi madre.

No nos habíamos reconocido las voces por teléfono. Ahora estaba parado en su puerta con el equipo de instalación y ella sabía exactamente lo que eso significaba. Los fines de semana en las Bahamas, convenientemente me olvidaba de mencionar que estaba en la ciudad.

«No sabía que estabas haciendo instalaciones satelitales», me dijo.

Mi mente se aceleró. «No lo estoy. Estoy aquí ayudando a un amigo».

Se lo creyó o no le importaba, pero me dejó pasar. Le conecté el sistema en tiempo récord y tomé el siguiente vuelo a Miami. Recé para que no dijera nada.

Durante dos días, me convencí a mí mismo de que no habría consecuencias. Luego, sonó la línea telefónica de mi departamento. Dejé que contestara la máquina.

«Sebas, soy tu madre. Llámame».

Su voz tenía un tono firme y práctico: lo suficientemente serio como para captar mi atención, pero con el trasfondo de cuidado de siempre. En el pasado, esos llamados significaban conversaciones difíciles, pero también me recordaban que, pase lo que pase, mi familia estaba ahí para ayudarme a encontrar mi camino. Mamá siguió llamando hasta que recibí un mensaje que decía: «Tu padre y yo vamos a Miami mañana».

«Aquí estoy, mamá. Perdón, estuve ocupado. Sí, mañana está bien. Adiós». Colgué con pánico. Necesitaba un plan.

Me metí en el automóvil y manejé hasta Kmart, compré sobres y una cámara Polaroid. Luego, fui hasta la escuela y llamé a un compañero para encontrarme con él allí. Cuando llegó, le alcancé la cámara y le dije: «Tómame una foto frente al cartel».

Tenía sus preguntas, pero agarré la cámara y la fotografía, y me fui antes de que se revelara. Me quedaba una parada más: el banco, quince minutos antes del cierre. Me deslicé por el estacionamiento y corrí hacia adentro.

Encontré al cajero que me pareció más simpático. «Necesito un cheque de caja por treinta mil dólares».

Sus ojos se agrandaron. «¿Está seguro? Sabías que es...»

«Sí, por favor, hágalo». Le pasé mi identificación.

Le consultó a su gerente y luego, procesó mi solicitud. Con el cheque en mano, me apresuré a preparar mi departamento, lo que era más difícil de lo que parecía. Me había mudado a un mejor lugar hacía unas semanas, pero todavía tenía mi contrato de alquiler original. Tenía que simular que aún vivía ahí.

Cuando mis padres llegaron al siguiente día, las primeras palabras de mi padre fueron las siguientes: «¿Qué está sucediendo?».

Le di el sobre. Lo abrió con cuidado y le mostró a mi madre el cheque de 30 000 dólares y una fotografía Polaroid de mí en la escuela.

Se quedó mirando ambas cosas confundido.

«Esa escuela ha estado por más de veinte años», dije en voz baja. «Si estoy cometiendo un error, pueden usar este dinero para mandarme de nuevo a la universidad».

«¿Qué estás haciendo? ¿Qué quieres decir? », me contestó. Su confusión se profundizó.

Empecé a mostrarles mi modelo de negocios, les expliqué sobre las instalaciones, las ganancias y la ampliación a las Bahamas. Les mostré los libros y las ganancias brutas, que harían sentir orgulloso a cualquier dueño de restaurante. La fotografía demostraba que la escuela aún existía en caso de que necesitara volver. Terminé con mis planes para el futuro.

«Estás echando a perder toda tu vida. ¿Por qué haces esto?», me preguntó mi padre.

Luego, empezó mi madre. Se turnaron para criticarme durante media hora: cómo había desperdiciado su sacrificio, cómo les había mentido y cómo la educación era el único camino seguro hacia el éxito. Se pusieron de pie, me dieron otra ronda de críticas y se fueron tan abruptamente como habían llegado.

Caminé por mi departamento armado para la ocasión, todavía aturdido. Luego, me di cuenta de algo: el cheque ya no estaba.

Mi padre se lo había llevado.

Era libre.

***

El éxito no es sostenible si no estamos buscando constantemente lo que viene después. El negocio de la instalación satelital estaba en auge, pero sabía que no duraría para siempre. La tecnología que antes requería un camión grande y un equipo de técnicos ahora entraba en mi automóvil y se instalaba en 20 minutos. ¿Cómo sería en diez años?

Me mudé de nuevo a las Bahamas y alquilé un lugar en un centro comercial popular; lo llamé «DSS Doctor». Hacía instalaciones entre las Bahamas y Miami, y comencé a diversificarme hacia productos electrónicos de consumo, como teléfonos inalámbricos, computadoras, cualquier cosa que tuviera demanda.

Tener un negocio físico legítimo me dio la presencia que necesitaba para seguir creciendo. Como vendía electrónicos, mi base de datos de proveedores comenzó a expandirse en la industria y ahí conocí a Jake, un empleado de una empresa que vendía plataformas de telecomunicaciones y equipos para empresas telefónicas. Más adelante, me sugeriría que fuera a la Feria de Electrónicos de

Consumo (CES) en Las Vegas para encontrar productos nuevos y mantenerme informado sobre lo último en tecnología.

El enero siguiente, emprendí viaje a Las Vegas. Ignoré todas las tentaciones que vienen con un viaje a ese lugar y me mantuve enfocado. Pasé los siguientes tres días visitando a todos los exhibidores que me interesaban, recolectando folletos y escuchando presentaciones. No sabía exactamente qué estaba buscando, pero con los fabricantes y distribuidores a mi alrededor, sabía que algo terminaría apareciendo. Poco después de ese viaje, ya de regreso en las Bahamas, decidí cambiarle el nombre a mi negocio, «Electronic Doctor», para reflejar la expansión, la oferta de productos y el inventario que tenía.

Un día, mientras estaba en mi local, entró un viejo contacto y socio, ejecutivo en la empresa telefónica local. Durante nuestra conversación, me contó que la empresa estaba preparándose para lanzar telefonía celular prepaga. Ahí se me encendió la lamparita. Recordaba un folleto en CES de Opal Manufacturing, una empresa canadiense que fabricaba máquinas expendedoras de tarjetas telefónicas. Tomé el siguiente vuelo a Canadá para estudiar sus operaciones y aprender todo sobre las máquinas, su mantenimiento y la logística.

Unos meses después, cuando la empresa telefónica lanzó QuickCell, su servicio prepago, ya estaba listo. Ya había pedido treinta máquinas expendedoras y había pasado semanas asegurando ubicaciones estratégicas: estaciones de servicio, supermercados y farmacias, todos los lugares de alto tránsito que pudiera conseguir. Los clientes insertaban un billete de 20 dólares y recibían una tarjeta con un código para agregar minutos a su teléfono. Era simple. Solo tenía que mantener las máquinas abastecidas y funcionando sin problemas para obtener una buena ganancia, incluso después de pagar las comisiones a cada local anfitrión.

Mientras organizaba toda esta infraestructura de máquinas, me enteré de algo aún más grande. La empresa telefónica local había lanzado una Solicitud de propuestas (RFP): necesitaban comprar dispositivos móviles celulares. Esto superaba ampliamente mi escala habitual, pero decidí rezar un Ave María. Con mis contactos en la industria electrónica de Miami, armé una propuesta.

Hay un antiguo dicho que dice que nada supera el fracaso salvo el intento. Para mi completa sorpresa, me adjudicaron el contrato para suministrar diez mil teléfonos celulares. Con la carta de intención en mis manos, fui al banco y pedí un préstamo a corto plazo. Compré los teléfonos a mis proveedores de Miami y completé el pedido.

Era muchísimo trabajo en poco tiempo. Pero valió la pena. Los primeros 1 000 dólares vienen del esfuerzo. Los primeros 100 000 dólares vienen de trabajar de manera más inteligente: mejorar el tiempo, los sistemas y la estrategia. Pero ¿y el primer millón? Viene del liderazgo, de aprender a soltar, confiar en los demás, fracasar rápido y formar un equipo que multiplique tu visión más allá de lo que podrías lograr tú solo.

Entre ese trato y todo lo demás que había conseguido, alcancé los 2 millones antes de cumplir los 23 años.

CAPÍTULO 6

CÓMO CONVERTIRSE EN UN LEÓN: PRIORIZAR A AMIGOS Y CÓMO PASAR EL TIEMPO

En el capítulo 4, analizamos cómo reconocer una oportunidad de negocios. Esos elementos trabajaron en conjunto para ayudarme a alcanzar mis primeros éxitos. Sin embargo, no habría tenido acceso a todas esas posibilidades si no me hubiera rodeado de personas que se alinearan con mi visión del éxito. En ese momento, no me daba cuenta de que personas como mi amigo de Florida o el ejecutivo de mi empresa de telefonía celular local estaban ocupando esos roles en mi vida. ¿Dónde estaría ahora si mi amigo de Florida no me hubiera alentado a asistir a la CES ese año? La amistad con cualquier persona solo te llevará hasta cierto punto. Podrías ir a una reunión con gente poderosa y adinerada a conversar sobre oportunidades de negocio y recibir el impulso para arriesgarte con alguna. Sin embargo, ese conocimiento no sirve de nada, a menos que decidas dar el primer paso y tomar buenas decisiones sobre con quién pasas tu tiempo.

Las personas en tu vida marcarán una gran diferencia en tu camino hacia el éxito. Fui bendecido con amigos increíbles, pero también tuve mi cuota de otros no tan buenos. Cuanto más éxito tenía, más envidia y hostilidad aparecían en mi camino. Para mi sorpresa, algunas de las mayores decepciones vinieron de parte de familiares y amigos cercanos. Al entender la importancia de mantener un equilibrio en mis relaciones, pude valorar mis experiencias pasadas con quienes me rodeaban, mientras creaba un entorno propicio para mi progreso y desarrollo. Asegurarse de contar con los tipos de amigos adecuados comienza por identificar dónde encaja cada persona en tu vida.

¿Quiénes son tus amigos?

A medida que crecemos y evolucionamos, no todas nuestras relaciones nos acompañan en ese proceso. Es importante reconocer y adaptarse cuando los cambios en la dinámica son necesarios para nuestro crecimiento y no sentirse culpable por ello. En un mundo ideal, todos tus amigos deberían apoyar tu proyecto de vida, lo que te ayuda a cultivar una ambiente de apoyo y aliento. Sin embargo, no todos en tu vida cumplen con esa condición. Distintos tipos de amistades cubren distintas necesidades en tu vida. Es fundamental distinguir esos tipos de amistades cuando estés persiguiendo el éxito. No siempre tendrás el tiempo ni la energía para invertir en ciertos tipos de amistades y está bien. Identificar qué categoría de amigo es una persona en tu vida te ayudará a decidir con quién pasar el tiempo y qué rol ocupa en tu camino hacia el éxito.

AMIGOS VERDADEROS

Cuando era más joven, tenía una visión simple de la amistad: compartían mis intereses y hacían que la escuela fuera más divertida. Al crecer, me di cuenta de que esa visión era incompleta. La amistad verdadera va mucho más allá de compartir actividades o conocer a alguien desde hace tiempo. De hecho, hubo ocasiones en las que formé conexiones más profundas con desconocidos que con conocidos de toda la vida o familiares. Eso ocurre porque los amigos verdaderos comparten los mismos objetivos y valores. Lo más importante, un amigo verdadero te dirá siempre la verdad, no las tonterías que quieres escuchar.

Un amigo verdadero puede decirte con la misma facilidad que tu traje se ve ridículo o que está orgulloso de tu último logro.

Aún más importante, un amigo verdadero no necesita nada de ustedes más que la conexión misma. Saben manejar sus propias vidas y no necesitan arrastrarte a ti en sus problemas. Eso no significa que un amigo verdadero no pida ayuda cuando la necesita. Sin embargo, entiende que parte de ser un buen amigo implica hacerse cargo de sus asuntos para no convertirse en una carga para los demás.

Aunque los amigos verdaderos puedan ir y venir a lo largo de tu vida, las conexiones que creamos siguen teniendo un gran valor. El verdadero crecimiento proviene de rodearnos de personas que comprenden dónde estamos hoy, incluso si no están presentes todos los días. Las relaciones significativas no dependen de la proximidad, sino que se construyen con comunicación abierta y honesta. Pueden surgir con cualquier persona, en cualquier lugar, si te esfuerzas.

No tengo muchos amigos verdaderos y probablemente tú tampoco los tendrás. Podría invitar a mis verdaderos amigos a mi casa, ordenar una pizza grande para todos y aun así sobrarían algunas porciones. En materia de amistades, la calidad de las interacciones supera ampliamente la cantidad de amigos. Las interacciones con tus amigos verdaderos siempre te dejarán renovado y con energía. Necesitarás ese oasis en medio del trabajo duro y el estrés que implica un nuevo proyecto. Asegúrate de identificar y priorizar a los amigos verdaderos por encima del resto.

AMIGOS POR CONVENIENCIA

Estas amistades suelen desarrollarse cuando compartes un interés o una actividad con otra persona. Un amigo por conveniencia es alguien a quien llamas para entrenar o ver un partido. Los amigos de esta categoría se suelen asociar con actividades recreativas o cosas que *quieres* hacer. Es fácil confundir a los amigos por conveniencia con los verdaderos, porque pasar tiempo con los primeros es divertido. Este tipo de amistad tiene su lugar en la vida de todas las personas, pero estos amigos también pueden alejarte de tus objetivos. Supongamos que tienes una reunión importante mañana a primera hora y un amigo te llama porque quiere salir de fiesta. Cuando le cuentas a tu amigo sobre la reunión, un amigo verdadero les deseará suerte y te dirá que descanses. Un amigo por conveniencia puede que no reconozca cuán importante es esa reunión para ti e intente convencerte de salir de todos modos.

AMIGOS CIRCUNSTANCIALES

Estas personas son aquellas con quienes compartes una circunstancia o una historia en común. Pueden ser compañeros de clase, miembros de una organización a la que perteneces o haber crecido en el mismo barrio. Su conexión contigo no tiene que ver con tus objetivos o valores, sino con un hilo en común en la historia de sus vidas. Los lazos con amigos circunstanciales suelen ser fuertes, pero breves. Puedes ser compañero de cuarto con alguien y compartir el objetivo de mantener un espacio de convivencia decente.

Los amigos circunstanciales también pueden generar un falso sentido de confianza interna del que debes cuidarte. Que alguien haya crecido a una cuadra de ti no significa que sea confiable. Aunque las experiencias compartidas pueden generar familiaridad, la confianza debe ganarse con acciones y demostrarse carácter, en lugar de asumirse solo por haber compartido una circunstancia. Evaluar cada amistad por sus méritos y no dar nada por sentado es fundamental, ya que la confianza es la base de cualquier amistad sana y duradera.

AMIGOS OPORTUNISTAS

Estos amigos son como mi amigo de Florida, Jake. Suelen ser amigos profesionales que buscan aprovechar la relación para obtener un beneficio o ganancia personal. En este tipo de amistades, las personas pueden relacionarse principalmente porque ven la posibilidad de mejorar sus propios intereses, alcanzar ciertos objetivos u obtener ventajas de esa relación. Estas amistades suelen ser transaccionales y pueden carecer de conexión emocional genuina o cuidado mutuo.

Los amigos oportunistas pueden ser excelentes en un ámbito profesional si tus objetivos están alineados con los suyos. Necesitaba comprar diez mil celulares y mi amigo Jake tenía los teléfonos para vender. Esa amistad oportunista valió la pena y fue una transacción justa para ambos. Las amistades oportunistas no funcionan cuando alguien te pide un descuento o que trabajes gratis solo porque son «amigos». A menos que haya algún beneficio real más adelante (que por lo general no lo hay), te están usando. Las personas que se aprovechan así de las relaciones no son tus amigos, son sanguijuelas.

Cómo ser un buen amigo

Cuando estás en el camino hacia el éxito, no hay forma de evitar sacrificar el tiempo que pasas con tus amigos. Eso no significa que no puedas ser un buen amigo mientras persigues el éxito. Ser un buen amigo mientras buscas el éxito implica equilibrar tus objetivos personales con la atención y el apoyo genuinos hacia tus amigos. Mantén abiertas las líneas de comunicación y sé comprensivo cuando tus compromisos hagan que sea difícil pasar tiempo juntos. Muestra interés en las aspiraciones de tus amigos, estate presente para celebrar sus logros y aliéntalos en los momentos difíciles. Haz el esfuerzo de mantener la calidad de tus amistades al priorizar momentos de interacciones significativas y constantes, incluso si son menos frecuentes. Sobre todo, mantén la honestidad, la integridad y la lealtad en tus vínculos, para que tu búsqueda del éxito no ponga en riesgo la confianza y el respeto que compartes con tus amigos.

Además, no subestimes el poder de la influencia en las amistades. Nuestros amigos pueden moldear nuestros pensamientos, opiniones y comportamientos de maneras tanto evidentes como sutiles. Pueden abrirnos a nuevas ideas, perspectivas y actividades que amplían nuestra visión del mundo y mejoran nuestras vidas. A través de su aliento, apoyo y crítica honesta, pueden impulsarnos a progresar. Debido a esta influencia, debemos ser conscientes de con quién elegimos compartir nuestro tiempo. Las amistades malas o tóxicas pueden llevarnos hacia direcciones no deseadas.

No eres responsable de la versión de ti que vive en las mentes de otras personas. Si alguien se aferra a una imagen desactualizada cuando ya creciste, evolucionaste y te elevaste, esa percepción es su carga, no la tuya. Sigue hacia adelante. Mantente alineado con tu destino. Porque cuando te sumerjas por completo en tu temporada de prosperidad, lo único que podrán quitarte serán apuntes. Todos tienen una historia, pero solo el autor decide cómo termina. Ese autor eres tú. Tu paz es más importante que intentar demostrar algo. Deja de justificarte ante personas que ya decidieron no entenderte.

Cuando proteges tu paz de esa manera, es más fácil mantenerse enfocado en ser una fuente de positividad para los demás. Incluso si no puedes pasar tanto tiempo con tus amigos como quisieras, al menos puedes ser una fuente de motivación positiva para ellos. Tu éxito puede inspirar a quienes compartan tus valores. Cuando estés en el camino hacia el éxito, es fácil quejarse de lo difícil que es y de todos los problemas que tienes. Eso no te ayudará con tu estado mental ni con tus amigos. Enfócate en las cosas positivas que estás logrando cuando hables de tu negocio. Eso te mantendrá motivado y te convertirá en un faro para aquellos amigos que quieran seguir tus pasos.

Cómo cambiar la dinámica con tus amigos

Cuando me encontré con la frase de Steve Jobs que dice: «Si quieres hacer felices a todos, no seas un líder, vende helados», entendí que no podemos satisfacer las necesidades de todos nuestros amigos. Si intentas hacer felices a todos tus amigos, nunca alcanzarás tus propios objetivos. A medida que evolucioné y mis intereses, objetivos y valores se alejaron de los de mis amigos, sentí que nos distanciábamos. Me di cuenta de que debía elegir entre ser leal a quienes estuvieron conmigo desde el principio o abrirme a nuevas amistades para progresar y crecer. Cuando las circunstancias y las necesidades cambian, ¿cómo ajustas tus amistades para satisfacer esas necesidades?

Antes de preguntarte cómo tus amigos deberían adaptarse a tu evolución, debes retroceder un paso y asegurarte de que tus evaluaciones y expectativas sean razonables. Cuando avanzas hacia el éxito, te vuelves crítico de tus amigos con facilidad. *¿Por qué no pueden hacer lo mismo que hice?* es un pensamiento que aparece rápido. No todos tus amigos, ni siquiera los verdaderos, tienen el mismo impulso, talento o expectativas que tú.

Uno de tus amigos verdaderos podría ser el mejor entrenador físico del mundo, alguien que comparte tu ética de trabajo y dedicación. Solo porque comenzaste tu negocio propio no significa que la dinámica de tu relación tenga que cambiar porque tu amigo entrenador no quiere ser un emprendedor. Si tu amigo entrenador solo te desea lo mejor y apoya completamente tu crecimiento, nada cambió en tu relación más allá de tu trabajo. No hay motivo para alejarse de alguien así. Si cortas vínculos con alguien solo porque no encaja en tu definición de éxito, el problema lo tienes tú, no ellos.

Las dinámicas de la relación cambian cuando el trato de alguien hacia ti también cambia. Si creces y tus amigos no pueden apoyar en quién te estás convirtiendo, ese sí es un problema. En la mayoría de los casos, te darás cuenta de que tus amigos no han cambiado ni un poco. Cambió la forma en la que los ves ahora o finalmente abriste los ojos a quiénes son realmente. Supongamos que uno de tus amigos siempre llega tarde cuando se reúnen. Antes de tu camino hacia el éxito, no te habías dado cuenta de que una persona que siempre llega tarde comunica que su tiempo es más valioso que el tuyo. Ahora que estás trabajando al máximo y aun así te haces espacio para tus amigos, cada minuto de retraso te cuesta tiempo valioso para trabajar por tus sueños. Tu amigo no cambió sus acciones. Lo que cambió fue tu punto de vista y tu reacción a un comportamiento que nunca había sido abordado.

Cuando los valores de tus amigos empiezan a diferir de los tuyos, la honestidad y la humildad son el mejor camino. Explícale a tu amigo que llega tarde cómo cambiaron tus tiempos y por qué. Luego, establece límites razonables y cordiales con tu amigo. Dile que tienes una hora para compartir con él y que, si llega 15 minutos tarde, igual deberás irte 45 minutos después. Eso te hace responsable de tu tiempo, no a tu amigo. Si tu amigo no se ajusta a la manera en que te valora, a ti y a tu tiempo, es momento de volver a evaluar qué aporta realmente esa persona a tu vida.

Conclusión sobre la amistad

Lo que aprendí sobre las amistades puede resumirse en una metáfora simple. Si utilizas el combustible equivocado en tu automóvil, no llegarás lejos. Creo que mis amistades son como ese combustible que me mantiene en movimiento. Cuando era más joven, tenía amigos que frenaban mi progreso y mi felicidad. Cuando quise avanzar con mi vida, necesitaba un mejor combustible para seguir adelante. Con el tiempo, entendí que las amistades necesitan renovación, no estancamiento. Evaluarlas bajo esta mirada no es fácil. Solo porque los valores de alguien no se alinean con los tuyos no significa que sean malas personas. Tú cambiaste.

El tiempo también puede ser un enemigo cuando evalúas tus amistades. Hubo momentos en los que mi mente estaba lista para el cambio, pero mi corazón seguía en el pasado. Esa nostalgia me hacía ignorar mis necesidades y las actitudes de mis amigos. En esos momentos, alenté a mis amigos a crecer conmigo e intenté ayudar a los demás. Siempre creí que una marea alta eleva todas las embarcaciones. Sin embargo, algunos barcos tienen sus propias tablas de mareas. No hay motivo para intentar elevarlos cuando no están listos.

> Ama a las personas por quienes son, pero no las ubiques en lugares de tu vida donde no pertenecen.

Recuerda que no todas las relaciones están destinadas a durar para siempre y eso está bien. Un día, puede que necesites distanciarse de ciertas amistades para poder seguir adelante. Esos momentos pueden ser dolorosos, porque el cambio no es fácil. Cuando suceda, sé amable contigo mismo y con tus amigos.

Gestión del tiempo

Quise hablar de la amistad y la gestión del tiempo en el mismo capítulo porque el camino hacia el éxito implica cambios importantes en ambas áreas. Como los amigos son una parte fundamental de nuestras vidas, debemos identificar qué relaciones priorizar. En esta sección, te compartiré algunos consejos para gestionar el tiempo. Quizás pienses que tengo un método de diez pasos para organizar mis días, pero no es así. Adopté un enfoque más filosófico sobre cómo elijo pasar mi tiempo.

Solía ser un hombre ocupado cuando intentaba aprovechar activamente cada minuto del día. Todos los programas de gestión del tiempo prometen lo mismo: si siguen estos pasos simples, tendrán tiempo para todo. Son todos mentirosos. Queremos creer que es posible generar tiempo de la nada, pero no lo es. Puedes desearlo todo lo que quieras, pero tú y yo tenemos las mismas 24 horas en un día. Con dos tercios de ese tiempo dedicados a trabajar y dormir, no queda demasiado tiempo libre para la familia, los amigos, la salud personal y las aspiraciones. Eso significa que tienes decisiones que tomar.

¿Qué vas a sacrificar?

Uno de mis dichos favoritos es el siguiente: «Si quieres resultados distintos, empieza el día con intención». Esa frase me recuerda constantemente que el éxito exige disciplina, dedicación y sacrificio. No puedes iniciar un negocio nuevo si no estás dispuesto a levantarte y trabajar duro. Supongamos que estás acostumbrado a trabajar de nueve a cinco, con los fines de semana libres. Completaste tus 20 horas de tiempo libre con actividades con la familia y amigos, pasatiempos y tareas del hogar. ¿Qué sucede cuando empiezas un negocio y ahora trabajas 60 horas por semana, los siete días de la semana? La matemática no te permitirá seguir haciendo lo que venías haciendo, así que algo tiene que cambiar. ¿Qué sacrificarás en esas 20 horas de ocio para que tu negocio funcione? A pesar de lo que digan los artículos de revistas y las publicaciones de redes sociales, no puedes tenerlo todo.

La ecuación del sacrificio se reduce, básicamente, a tiempo o dinero. Supongamos que dedicas una hora a la semana a lavar ropa. Podrías recuperar ese tiempo si pagas por un servicio de lavandería. Si tienes un negocio minorista, contratar a alguien para que atienda el local un día a la semana te devolverá algo de tiempo. Ese gasto se agregará al balance final, así que estarás sacrificando dinero. Si no estás dispuesto a invertir en servicios que te ahorren tiempo, entonces corres el riesgo de sacrificar tu salud, tu bienestar mental o tus relaciones.

> El valor no se trata solo de lo que sumes a tu vida. Sino también de lo que estás dispuesto a eliminar.

Los emprendedores principiantes suelen cometer el error de pensar que deben guardar cada centavo que ganan. Esta mentalidad hace imposible el sacrificio de dinero para ganar tiempo. En los últimos años, me facilité la vida al invertir dinero en personas muy motivadas y talentosas para que se encarguen de distintas áreas de mis negocios. ¿Esa decisión reduce mis ganancias? Por supuesto. ¿Me permite dedicar mi tiempo a lo que realmente aporta valor a mi vida? Sin dudas.

¿Qué aporta valor a tu vida?

La definición de lo que le aporta valor a mi vida ciertamente ha evolucionado con el paso de los años. En mi juventud, se trataba de los logros personales: alcanzar los objetivos profesionales y financieros que me había propuesto.

Encontraba un gran valor en desafiar los límites, crear negocios y demostrar que podía tener éxito en lugares donde pocos esperaban que prosperara.

Con el tiempo, mi comprensión del valor empezó a cambiar. Comencé a darle más importancia a la libertad que importa, la que me permite dedicar tiempo a lo que de verdad vale la pena: mis hijos, mi familia, mis amigos cercanos y las personas que le dan sentido a mi vida. Ese cambio se intensificó cuando cumplí 40 años, porque me volví más consciente del equilibrio entre el éxito y la plenitud.

Me di cuenta de que, si no me hacía el tiempo para las cosas que valoraba, la vida me lo iba a quitar de todas formas. En lugar de permitir que las obligaciones ordenaran mi agenda, de manera voluntaria, empecé a fijar fechas, planificar viajes significativos y priorizar momentos que aportaran a una vida con propósito. Eso incluía poner mi salud en primer lugar. No a través de dietas temporales, sino mediante la adopción de un cambio de estilo de vida completo.

Otra de mis conclusiones fue que, si estaba demasiado ocupado para mis amigos y mi familia, debía reevaluar quién estaba en mi equipo. Si estoy sumergido en las operaciones diarias, puede significar que no me he rodeado de las personas adecuadas para que me ayuden a aliviar esa carga. Tener un equipo que me permita distanciarme un poco, pensar estratégicamente y enfocarme en la visión general es fundamental.

Con las personas que son importantes para mí, me aseguro de mantenerme en contacto de manera regular, sin importar cuán caótica se torne la vida. Agendar momentos para ponerme al día con mi círculo cercano me mantiene centrado y equilibrado. Cuando paso tiempo con amigos, deben tener una mentalidad similar a la mía y compartir valores fundamentales, como ambición, amabilidad, apoyo, comunicación y espiritualidad. Nos desafiamos, nos elevamos y nos hacemos responsables mutuamente para alcanzar nuestro máximo potencial. Si un amigo no se alinea con estos valores, no pierdo mi tiempo, porque el tiempo es lo único que no puedo recuperar.

En cambio, el valor también tiene que ver con eliminar lo que no sirve. Si algo no se alinea con lo que aporta valor a tu vida, elimínalo. Ya no pierdo más tiempo navegando en las redes sociales o consumiendo chismes de celebridades inútiles. Esas cosas no contribuyen a mi crecimiento, mi felicidad ni mi futuro.

El valor no se trata solo de lo que sumes a tu vida. Sino también de lo que estás dispuesto a eliminar.

Filosofía, disciplina y conclusión

Puedes comprar todos los diarios, relojes de arena y aplicaciones móviles que quieras para ayudarte a gestionar tu tiempo. Sin embargo, todos esos elementos son solo herramientas para gestionar tu tiempo, no más útiles que un reloj de pulsera. Te ayudarán a encontrar lugar para una clase de yoga antes de tu reunión por Zoom de las tres de la tarde, pero ninguno de esos elementos te dirá cómo vivir una buena vida. La filosofía de la gestión del tiempo se trata de cómo usar tu tiempo para vivir la vida que quieres. ¿Para qué, si no, trabajarías tan duro para iniciar un negocio y liberarte de los límites de un empleo tradicional?

Cuando aplicas una filosofía como la gestión del tiempo basada en el valor para guiar tus comportamientos o acciones, debes elevar tu disciplina. Las filosofías no tienen listas de verificación. No hay una red de garantía ni una hoja de puntajes que te digan cómo vas. Sabrás que estás en el camino correcto cuando vuelvas a tu casa cansado, con tus responsabilidades cubiertas y puedas sonreír por tus logros del día. Por suerte, la disciplina también es clave para alcanzar el éxito. Es como estar casado con tus sueños: comprometido con alcanzar tus objetivos y decidido a abandonar todos los miedos. Durante este período de dedicación y concentración, no te olvides de los principios de la amistad. Socializar con amigos o familia puede quedar en segundo plano, pero no descuides a esas personas. Tener un sistema de apoyo es tan importante como tener dinero en el banco. Rodéate de personas que te acompañen en este recorrido y estarás mucho más cerca de construir tu imperio.

CAPÍTULO 7

LLEGAR A LO GRANDE

En ese entonces, había alcanzado un nivel de éxito con el negocio de las tarjetas telefónicas y los celulares que jamás hubiera imaginado en Miami. A veces recordaba aquella reunión con mis padres, cuando le entregué a mi papá el cheque de 30 000 dólares y sonreía. Había llegado al punto en que nunca más tendría que volver a sentarme en un aula, a menos que fuera para aprender algo que realmente me interesara. Podría haberme alejado de todo en ese momento. Con lo que había ganado en mis negocios y con el flujo de ingresos que generaban las tarjetas telefónicas, podía vender el negocio y ganar lo suficiente como para jubilarme cómodamente.

Estoy seguro de que estuve tentado de descansar en mis logros en ese momento, pero no recuerdo muchos momentos así. Lo que estaba fijo en mi mente era el pensamiento de *¿y ahora qué?* Quería encontrar algo que me permitiera diversificar mis negocios y, al mismo tiempo, me resultara satisfactorio. Ningún camino es fácil de seguir, pero el negocio de las tarjetas telefónicas me dio el tiempo y el espacio mental para encontrar el adecuado. La probabilidad de tomar malas decisiones cuando uno está apurado o desesperado es casi del 100 %, así que no tenía prisa por meterme en algo que no encajara.

Quería encontrar un emprendimiento que prometiera longevidad y estabilidad. La clave para equilibrar cualquier negocio es tener un determinado porcentaje de emprendimientos de alto riesgo y alto rendimiento, junto con otros de bajo riesgo y rendimiento moderado. Esa combinación reduce el riesgo general de todas tus inversiones. Sabía que las tarjetas telefónicas eran un impulso momentáneo para el negocio. Sin embargo, también sabía que, así de rápido como aparecieron en el mercado, algún otro producto o práctica nueva podría volverlas obsoletas en pocos años. Un negocio que nunca pasa de moda, en especial en las Bahamas, es el de los bienes raíces. Los agentes tradicionales de bienes raíces de la isla suelen decir: «No están fabricando más tierra», lo que significaba que el suelo es un recurso finito en una isla.

Que un bien sea limitado no significa que entrar en ese rubro vaya a ser rentable. Los desarrollos inmobiliarios en las Bahamas iban desde casas millonarias hasta viviendas de bajos ingresos. No quería involucrarme con ninguno de los dos extremos. Las personas merecen viviendas adecuadas a precios asequibles. Para probar el terreno, compré algunos lotes y construí departamentos para generar ingresos por alquileres. Eso me permitió conocer el mercado y entender la ganancia sobre la inversión. Fue más un experimento y una forma de educarme sobre la industria.

Además de esa educación informal, descubrí un error del rubro inmobiliario que nos enseñan desde jóvenes. Para muchos, el sueño es terminar la universidad, conseguir un trabajo y comprar una casa. Ese camino puede funcionar bien para algunos, pero es solo un enfoque de la vida. Según tus objetivos, pueden existir otras estrategias que valgan la pena analizar si tu objetivo es construir riqueza. Cuando hablo de creación de riqueza, me refiero a los primeros pasos hacia ingresos autosostenibles. Así es como funciona en bienes raíces.

Por un momento, olvidemos el sueño de comprar una casa. No sugiero que nunca la compres, pero elegir cuándo hacerlo es fundamental. Más allá de la modesta apreciación del valor de una propiedad, no hay manera de ganar dinero con una residencia personal. Los pagos de intereses bancarios y mantenimiento convierten una inversión en una responsabilidad. Comprar una casa también aumenta la carga de deuda de una persona, así que, por lo general, no es una buena idea comprar una casa como tu primera inversión inmobiliaria. Te llevará años generar suficiente capital con los pagos de la hipoteca como para pedir prestado y comenzar un negocio. Incluso si tu casa gana algo de valor con el paso del tiempo, los bancos no prestarán grandes sumas para iniciar un negocio. Necesitarás demostrar que puedes pagar las cuotas y el ingreso de un negocio sin antecedentes no va a impresionar al oficial de crédito.

En vez de un pasivo, lo que quieres es un activo inmobiliario que genere dinero. Para ganar dinero en bienes raíces, debes dominar el arte del OPM: utilizar el dinero de otras personas para financiar tus compras. La estrategia es pedir dinero prestado para bienes que generen ingresos (activos), no para tu vivienda personal (pasivo). Este enfoque mantiene tu capacidad de endeudamiento para adquirir más propiedades que generen ingresos. Los bancos están más dispuestos a prestar dinero cuando ven que tu capacidad para pagar es a través de activos generadores de ingresos. A diferencia de iniciar un negocio, comprar propiedades y cobrar alquileres han demostrado un sólido historial. Eso es algo que impresionará a un oficial de préstamos.

A continuación, hay un ejemplo de cómo funciona el OPM. Imagina que quieres comprar una propiedad con un objetivo: generar suficiente dinero como para darte un lugar gratuito donde vivir. Supongamos que la propiedad es un cuádruplex. El alquiler de tres de las unidades es suficiente para cubrir la hipoteca del edificio completo. Si vives en la cuarta unidad, no pagarás nada por la vivienda. Seguirás trabajando en tu empleo de día y ahorrarás lo que le pagarías a alguien más por el alquiler o una hipoteca de una sola casa. No pasará mucho tiempo antes de que tengas suficiente capital en tu cuádruplex y algo de efectivo para el pago anticipado de un préstamo para otro cuádruplex. Tienes ingresos comprobados de tu primera propiedad, que, junto con el capital y el pago anticipado, hacen que tengas un riesgo razonable para obtener un préstamo. Sigue utilizando esa fórmula y tu imperio inmobiliario empezará a generar riqueza.

Claro que no tienes que comprar un cuádruplex, pero los principios básicos para construir riqueza son los mismos. Utiliza el OPM para comprar propiedades que generen ingresos. Vive en el sótano de tu madre y ahorra dinero para el pago anticipado. Empieza un trabajo secundario para obtener algo de dinero adicional. No será fácil conseguir la inversión inicial, pero, una vez que la tengas, estarás en camino hacia la libertad financiera. Luego, podrás elegir el momento adecuado para comprar la casa de tus sueños con el dinero del alquiler de otras personas.

Utilicé OPM para mi primer proyecto inmobiliario. Construí un edificio de 20 departamentos junto a una iglesia hace 21 años. Durante los últimos 21 años, esas unidades han generado más de 20 000 dólares bahameños al mes. Este flujo de efectivo constante me permitió pedir prestado lo suficiente e invertir en más propiedades que producen ingresos, con un costo de préstamo menor que la ganancia sobre la inversión. Por ejemplo, la tasa de interés de una hipoteca del banco es del 4 %. Debes asegurarte de que la propiedad que estés comprando te genere un rendimiento del capital (ROI) mayor que tu costo de préstamo, digamos del 9 %. En teoría, ganarías un 5 % sobre el dinero prestado. Los impuestos, el mantenimiento y el seguro reducirán ese porcentaje, pero sigue siendo una buena cifra inicial. Este ciclo es fundamental para maximizar el potencial de generación de riqueza.

La clave de la libertad financiera es enfocarse en el ingreso pasivo. El ingreso pasivo es dinero que generas sin invertir demasiado tiempo. Por ejemplo, el ingreso de una propiedad en alquiler o los dividendos de un negocio en el que invertiste. El objetivo es generar suficiente ingreso pasivo como para cubrir tu costo de vida o tasa de consumo. Una vez que los ingresos pasivos superen los gastos, no tendrás que trabajar nunca más en tu vida si no quieres.

La ubicación es otro factor clave en el juego inmobiliario. Tenía un amigo que compró una casa adosada hace ocho años por 250 000 dólares. Hoy en día, esa casa vale 300 000 dólares, el mismo precio que una unidad en el desarrollo de Venetian West en este momento, del que hablaré en el capítulo 9. Venetian West actualmente vale 450 000 dólares solo por su ubicación. Si me hubiese dado cuenta de la importancia de la ubicación y la apreciación del valor de la propiedad, quizás no habría elegido un terreno al lado de una iglesia para aquel edificio de 20 departamentos.

Cuando me sentí lo suficientemente cómodo como para comprar propiedades, llegó el momento de dar el siguiente paso: el desarrollo inmobiliario. Es fundamental conocer los pormenores de un mercado nuevo. Nada supera las conexiones personales en un entorno de negocios que puede abrir puertas. (Recuerda que, por más puertas abiertas que haya, debes tomar una decisión informada antes de atravesar la que elijas). Conocí a un representante de ventas de tarjetas telefónicas de larga distancia llamado Jason, que me impulsó a distribuir las tarjetas telefónicas de su empresa en mis máquinas. Durante la reunión, empezamos a hablar de nuestros proyectos paralelos. Jason tenía un amigo de Cincinnati que era inversor inmobiliario y quería que lo conociera. Este hombre tenía varios proyectos exitosos y parecía alguien con quien debería hablar antes de lanzarnos a un proyecto.

Jason creía que había encontrado una brecha en el mercado inmobiliario. No había viviendas en la parte oeste de Nueva Providencia diseñadas para jóvenes profesionales. Las únicas opciones que tenían eran unidades iniciales en edificios antiguos o en zonas poco deseables de Nasáu. La parte oeste de la isla más poblada de las Bahamas ha sido históricamente el hogar de los sectores más adinerados. Los condominios modernos y elegantes en una zona de nivel alto deberían ser atractivos para ese grupo demográfico.

Todo eso coincidía con mi conocimiento específico del área. Muchas de las personas con las que crecí y fui a la secundaria estaban en esa etapa de sus vidas en las que se estaban asentando, casando y construyendo sus carreras. Se merecían un nuevo comienzo a un precio razonable. Los ayudaría a conseguirlo. Antes de aceptar la propuesta, necesitaba seguir el debido proceso.

El concepto de condominios iniciales para jóvenes profesionales era una idea relativamente nueva en Nueva Providencia. Los desarrollos de condominios apuntaban a distintos nichos, pero no se dirigían directamente a los jóvenes profesionales. Mis nuevos socios y yo visitamos cada una de las propiedades para identificar qué elementos de estos desarrollos funcionarían para nuestro mercado objetivo y qué ideas podríamos adaptar para atraer a nuestro público demográfico objetivo.

Obtener datos competitivos en el rubro inmobiliario es más sencillo que hacerlo en otras industrias. Muchos registros relacionados con permisos de construcción, planos, valores de propiedades y ventas son de acceso público. Un poco de investigación nos mostró cuánto tiempo tardaban en venderse los condominios nuevos, con qué frecuencia se revendían las unidades y cuál era su apreciación de valor. Aunque nadie se estaba dirigiendo a nuestro segmento demográfico, esa información nos dio una base para tomar decisiones. Los datos que encontramos nos ayudaron a predecir cuál sería nuestro rendimiento del capital y en qué plazo, así como un estimado del rendimiento. El nivel de información que obtuvimos sobre el mercado local fue muy útil y ese nivel de previsibilidad tuvo un gran peso para convencerme del proyecto.

Mis socios y yo nos dimos cuenta de que el precio era un factor clave en las ventas, pero no por el motivo que uno pensaría. Claro que las unidades debían ser asequibles para quienes ya habían terminado la universidad y estaban empezando a formar familias y carreras. Llegamos a la conclusión de que el punto óptimo rondaba los 250 000 dólares bahameños por unidad. Sin embargo, descubrimos que existía un crédito fiscal para los compradores de primeras viviendas que adquirieran propiedades por menos de 250 000 dólares bahameños. Ese beneficio estableció automáticamente nuestro precio máximo por unidad en 249 000 dólares bahameños. Nuestros futuros propietarios obtendrían un excelente valor y ahorrarían en impuestos y costos de cierre. No se me ocurría un mejor escenario.

El desafío era descubrir cómo construir un condominio y obtener ganancias con un precio máximo de 249 000 dólares bahameños. Uno de los problemas de fabricar o construir cualquier cosa en las Bahamas es que prácticamente no existe una industria de fabricación. No hay suficientes recursos en la isla para mantener una base sostenible de construcción. Eso significa que todos los materiales de construcción necesarios deben importarse. Tarde o temprano, encontramos algunos materiales de construcción provenientes de otros países con costos más bajos, lo que reducía las tasas de importación. Aprovechamos al máximo la compra directa y el uso de materiales con aranceles reducidos para bajar el costo de cada unidad. Sin eso, quizás no hubiésemos podido alcanzar nuestros objetivos de producción.

El proyecto tenía tanto potencial que el amigo de Jason, el desarrollador de Cincinnati, se asoció con nosotros. Jason renunció a su trabajo en telecomunicaciones para dirigir el nuevo emprendimiento. Necesitábamos a alguien que manejara el día a día del negocio y supervisara la construcción. Ya no había vuelta atrás: habíamos comprado un terreno que podía alojar 28 unidades cómodamente. Llamamos al desarrollo Hampton Ridge. Solo con los planos conceptuales, la ubicación, el precio y los diseños, conseguimos contratos para vender todas las unidades en unas semanas. En menos de 18 meses, todas las unidades de Hampton Ridge estaban terminadas y las familias se estaban mudando. Habíamos ganado 2 millones de dólares bahameños con ese proyecto y ya estábamos buscando una nueva oportunidad inmobiliaria.

A pesar de mis éxitos, seguía teniendo 27 años, con todas las dudas y la mezcla de seguridad y arrogancia típica de esa edad. Nuestro amigo de Cincinnati tenía una idea para nuestro próximo proyecto. Había estado observando una gran extensión de tierra en una zona codiciada del oeste de Nueva Providencia, a la que quería llamar Balmoral. Quería crear una comunidad de lujo con un club exclusivo para miembros, combinada con casas unifamiliares, casas adosadas y condominios. Para mí, eso ya parecía un poco ambicioso. Habíamos tenido éxito en la fórmula de Hampton Ridge y no estaba convencido de que debíamos alejarnos de nuestro mercado objetivo principal: los jóvenes profesionales.

Tampoco quería perderme un buen negocio, así que dejé mis dudas de lado y avanzamos con Balmoral. Compramos el terreno de 42 acres en 2007, justo antes de que estallara la crisis bancaria de los Estados Unidos. Eso no nos afectó directamente, pero la incertidumbre financiera del país tampoco ayudó. Como la mayoría de los turistas que llegan a las Bahamas vienen de los Estados Unidos, una recesión económica allí puede ralentizar nuestra economía. Las personas son menos propensas a realizar grandes compras, como casas, durante los períodos de inestabilidad financiera.

Esa indecisión del mercado nos golpeó y las unidades más grandes, los lotes unifamiliares y las características de lujo ralentizaron las ventas de Balmoral. Tuvimos éxito con los condominios y las casas adosadas que eran atractivas para los jóvenes profesionales. Con el tiempo, venderíamos la mayoría de las unidades de Balmoral, pero la experiencia me dejó con sentimientos encontrados sobre mi participación en el proyecto. Estaba probando algo nuevo, pero tampoco era un proyecto con el que me sintiera completamente alineado.

Hay un punto en el que realizar algo completamente nuevo exige cierto grado de incomodidad y es fácil seguir haciendo lo de siempre. Es predecible y seguro. Cuando pruebas algo nuevo, aparece la duda porque no sabes qué esperar. Entender la diferencia entre sentir mariposas en el estómago por los nervios y escuchar a tu instinto que te dice que algo no es una buena idea es una línea muy fina. La única forma de distinguir entre mariposas y campanas de advertencia es a través de la experiencia. Debajo de las mariposas está la creencia de que vas a estar bien sin importar el resultado, incluso si nunca hiciste eso antes. En cambio, la sensación pesada en el estómago suele basarse en experiencias propias o ajenas. Es cierto que caerse de cara y cometer errores es inevitable. Sin embargo, la gravedad de las consecuencias y la resiliencia también entran en juego. Balmoral fue el proyecto inmobiliario más importante de mi vida. Aprendí mucho en el proceso y, lo más importante, aprendí qué no hacer. Lamentablemente, nunca vas a llegar a ningún lado si no te arriesgas y aprendes de tus errores.

En la época que Balmoral estaba intentando despegar, jugaba un par de veces a la semana a juegos de cartas con amigos. Me reunía con un grupo de amigos con la excusa de pasar el rato. De vez en cuando, alguien traía a un invitado nuevo. Eso mantenía todo fresco y esas reuniones siempre eran un buen respiro de mi trabajo. Una noche, la conversación giraba en torno a que uno de los chicos había acertado los números del día.

Si no estás familiarizado, el juego de números es básicamente una lotería. A una hora específica del día, se sortean tres o cuatro números, que son los ganadores. Si apostabas al 1-9-2 y salía esa combinación, recibías un pago con probabilidades fijas. Generalmente, ese pago es de 700 a 1. Eso significa que, si comprabas un número por un dólar y acertabas, te llevabas 700 dólares bahameños. La probabilidad de adivinar un número es de 1 en 1 000. De manera estadística, con una base grande de apuestas, la casa siempre termina ganando más de lo que paga.

El juego de números ha sido un pasatiempo muy popular en las Bahamas durante décadas. Estaba arraigado en nuestra cultura y era un ritual cotidiano para muchos bahameños. Las personas apostaban a los cumpleaños de sus hijos, números de libros de sueños o incluso la edad de alguien que había fallecido.

Esta práctica se remonta a la década de 1960 y 1970. En esa época, uno se dirigía a su corredor de apuestas o al local de apuestas del vecindario para realizar sus apuestas. Los números ganadores se basaban en los resultados de loterías internacionales, lo que hacía que el sistema fuera transparente de manera predeterminada. Si apostabas a un número vinculado a un sorteo de otro país, ya sea Chicago, Miami u otro lugar, el resultado estaba completamente fuera de la influencia de alguien en las Bahamas.

La estructura de pagos también era fija, lo que significaba que no había discreción ni manipulación. Era simple: hacías tu apuesta y, si salía tu número, recolectabas el dinero. Para los operadores pequeños, era fácil de manejar. Su trabajo solo consistía en recibir apuestas y pagar las ganancias.

La percepción pública no siempre ayudaba.

Muchos bahameños confundían la prohibición de ingresar a casinos físicos con una prohibición total del juego. En ese momento, solo había tres casinos con licencia en el país: dos en Nasáu y uno en Gran Bahama. La ley prohibía que los bahameños participaran en esos casinos y hacía referencia en especial a los equipos físicos de juego ubicados en tierra y las apuestas presenciales.

Sin embargo, las tiendas en línea funcionaban de otra manera, que luego se convertirían en la red troncal del juego en línea. Los negocios en línea eran locales donde los clientes alquilaban tiempo en computadoras con acceso a internet. No eran casinos en el sentido tradicional. Eran simples locales donde las personas accedían a computadoras para jugar al juego de números en línea. No había ruletas, máquinas tragamonedas ni mesas de póker.

Algunos podrían decir que el juego de números en línea no era ilegal, pero, en realidad, simplemente no estaba regulado. Las leyes existentes no contemplaban la evolución de internet. Habían sido formuladas en una época en la que no se podría haber anticipado la aparición de plataformas de juego en la web. Como la ley no abordaba esa realidad nueva, el juego en el ciberespacio no estaba regulado. Para el público, todo el juego se mezclaba en una sola categoría. Sin embargo, en realidad, el juego de números existía en una categoría única: una nacida de la tradición, formada por la cultura e impulsada por la tecnología.

Durante uno de nuestros juegos de cartas de siempre, un amigo mío llamado Fox se me acercó con una idea.

«Deberíamos abrir un negocio de números», me dijo. «Pero no uno cualquiera, sino algo distinto. Un lugar al que las personas realmente quieran ir. Un lugar que ofrezca una experiencia completa, no solo una transacción».

No parecía una mala idea.

En ese momento, tenía muchas cosas en la cabeza y los negocios no eran mi única preocupación. Estábamos en plena crisis financiera mundial de 2008.

Como en todas partes, las Bahamas empezaban a sentir los efectos multiplicadores de la recesión estadounidense. Como hombre de negocios, estaba viendo todo desarrollarse en tiempo real. Las empresas estaban reduciendo el personal, las familias perdían ingresos y la economía en general cambiaba más rápido de lo que la mayoría podía adaptarse.

No quería entrar de lleno en la idea de los números. El marco normativo de las apuestas no era claro. Nunca me consideré la clase de persona que entra en una industria sin entender las reglas ni los riesgos. Le dije a Fox que lo pensaría y le propuse retomar la conversación en una o dos semanas.

Fox no lo dejó pasar.

«Estás pensando de forma demasiado limitada», me dijo Fox. «Esto no es simplemente abrir otro local de apuestas. La industria está completamente abierta. Está lista para que alguien la transforme. Con tu experiencia en tecnología y operaciones, podrías construir algo que lidere. No que siga».

Cuando Fox lo planteó así, todo cambió.

Fox no me estaba proponiendo solo un negocio. Su planteo era una ventana hacia un sector que tenía lugar para la innovación, la estructura y el liderazgo. Un espacio que era informal y no estaba tan desarrollado, pero también tenía las bases de la cultura bahameña. La industria del juego, con el enfoque adecuado, podía volver a definirse e incluso, dominarse.

Había algo que no podía sacarme de la cabeza, algo sobre lo que tenía una convicción firme. Vivía en un país donde los extranjeros podían solicitar y obtener licencias para manejar casinos a los que los propios bahameños no podían entrar. Los extranjeros venían a las Bahamas a jugar, mientras que los bahameños tenían prohibido ingresar a un casino en su propio país. Más allá del aspecto moral de las apuestas, como nacionalista, me resultaba difícil ignorar la discriminación económica en torno a la propiedad y el acceso a los casinos.

No solo creía que las apuestas eran una industria, sino un camino hacia la democracia económica. En ese momento, era una visión audaz: aportar regulación, estructura y equidad a un sector históricamente dominado por intereses extranjeros. Mi misión era simple, pero poderosa: quería garantizar que los bahameños pudieran convertirse en capitanes de su propio destino en un sector que ellos mismos habían construido desde cero.

El juego no comenzó conmigo. Existía mucho antes de que naciera y seguirá existiendo mucho después de que ya no esté. Mientras esté aquí, quiero asegurarme de que deje de estar en las sombras y se convierta en un pilar legítimo de nuestra economía formal, uno que beneficie a los bahameños.

Como nación, teníamos que tomar una decisión clara. Ya sea por medio de apoyar el juego o si no lo hacíamos. Como personas, cada uno tenía derecho a su postura moral sobre las apuestas. Creo que coincidimos en algo. No hay lugar para la discriminación en nuestra sociedad, no en la ley, la práctica ni la oportunidad.

Antes de tomar alguna decisión, quise comprender por completo el marco legal. Busqué una opinión legal formal y consulté a abogados especializados en derecho del juego. Sus conclusiones fueron claras. En 2008, las plataformas de juego en línea que operaban en las tiendas web no estaban contempladas por ninguna ley o regulación existente. Como en gran parte del mundo en 2008, la ley no había logrado mantener el ritmo del avance tecnológico.

Con esa claridad legal, me sentí con la confianza necesaria para avanzar con un modelo que funcionara dentro del marco legal. Cuanto más pensaba en esta oportunidad, más sentido tenía.

Tomé el teléfono, llamé a mi amigo y le dije: «Cuenta conmigo».

El negocio se llamaría Island Luck. Hace algunos años, había registrado ese nombre de dominio con la esperanza de encontrarle un uso correcto algún día. Había llegado el momento.

Para mí, no bastaba con dedicarme al juego de números. Tenía la visión de transformar la experiencia por completo. Esas ideas empezaron con los lugares de apuestas. Eran locales pequeños de apuestas distribuidos por la isla. Cualquiera podía entrar en cualquier momento y hacer una apuesta. No había nada más que hacer allí. Observé algunas de estas ubicaciones durante un par de semanas y noté que tenían mucho movimiento por la mañana, al mediodía y por la noche, lo que se correspondía con los horarios de los sorteos en las ciudades estadounidenses. Para mí, eso tenía sentido. Las personas hacían apuesta de último momento y se quedaban a ver si su número salía ganador. Durante el resto del día, había pocas personas que entraban al local.

Cuando pagas el alquiler de un local, cada pie cuadrado que no estés usando para vender es un desperdicio. Estos locales necesitaban personal para mantener las puertas abiertas desde temprano por la mañana hasta el último sorteo, cerca de las 10 p. m., así que esos períodos de inactividad eran un drenaje para el negocio. Ninguno estaba aprovechando ese tiempo ni espacio ocioso. Mi visión era que Island Luck cambiara ese modelo. Queríamos darles a los clientes un motivo para llenar nuestros locales.

Los primeros cuatro locales de Island Luck fueron diseñados para ofrecer una amplia variedad de opciones de juego. Nuestros locales tenían docenas de computadoras donde los clientes podían jugar de todo: tragamonedas en línea, apuestas deportivas, bingo, póker en línea y, por supuesto, números; todo desde un mismo sitio web.

El modelo de negocios de los locales de Island Luck era que también funcionaban como cibercafés o, como los llamábamos en las Bahamas, tiendas web. Desde principios a mediados de la década del 2000, no era común que los bahameños tuvieran computadoras con internet en sus casas. Si no tenías acceso a internet, debías ir a una tienda web y alquilar una computadora para navegar la red. El secreto peor guardado de la isla era que la función principal de estos locales no era comprar ni analizar el mercado de valores: eran las apuestas virtuales. En el ciberespacio, se podía jugar cualquier juego de casino que los bahameños no podían jugar en los casinos locales.

Todas las computadoras de nuestros locales de Island Luck tenían navegadores de internet preconfigurados y acceso directo al casino en línea de Island Luck. Formé un equipo y desarrollamos un software personalizado que manejaba todas las cuentas de los clientes y operaba los principales juegos de casinos. Nuestros clientes también podían realizar apuestas en línea fácilmente en una amplia variedad de juegos de azar. Ningún otro local web de las Bahamas tenía nuestro canal directo para ofrecer una amplia variedad de juegos. Ellos solo ganaban dinero por vender números. Cualquiera casino en línea que los clientes de las tiendas web utilizaban ganaba dinero de los juegos. Island Luck no cambió un modelo de negocios histórico. Solo innovamos y ampliamos la práctica existente y pasamos de solo jugar números a una amplia variedad de juegos.

Había otras ventajas del casino en línea de Island Luck. Los clientes que tenían una cuenta de Island Luck podían acceder a cualquiera de nuestros locales o conectarse por internet para utilizar la plataforma. Eso significaba que cualquiera de los locales web podía funcionar como punto de acceso a nuestro casino en línea. Aunque el foco principal era brindar una experiencia de juego para los bahameños en los locales web, Island Luck ya estaba en la Web.

El plan estaba en marcha. Solo debíamos ejecutarlo. Habíamos estado trabajando sin descanso para poner en marcha las cuatro tiendas físicas de Island Luck antes de que nuestros competidores se dieran cuenta de lo que estábamos haciendo. El 4 de mayo de 2009, inauguramos todas las tiendas en Nueva Providencia. Teníamos 20 empleados que trabajaban en dos turnos en esas tiendas. Habíamos hecho poco o nada de marketing porque queríamos mantener el lanzamiento en secreto. Las otras tiendas web solían estar bastante llenas. Sospechaba que, una vez que abriéramos nuestros locales, íbamos a recibir clientes por el desborde.

Luego, nada sucedió.

El primer día hábil de Island Luck, entre los cuatro locales generamos 1 dólar bahameño. No me refiero a un dólar cada uno. Island Luck había ganado 1 dólar en toda la empresa. No alcanza con decir lo decepcionado que me sentí esa noche. Si quieres tener éxito, debes separar lo que siente tu corazón de lo que sabe tu mente. Mi corazón cargaba el peso de meses de planificación y ejecución frente a esos resultados del primer día. Mi mente sabía que iba a llevar tiempo convencer a las personas de dejar sus tiendas habituales de números y tiendas web. A las personas les gustan los espacios familiares y disfrutan la comodidad de lo conocido. Incluso si al lado hay una alternativa mejor, crear el deseo de cambiar esos hábitos es una de las tareas más difíciles.

Requiere tiempo, paciencia y un buen motivo para que los clientes quieran cambiar sus hábitos. Nunca pasa nada lo suficientemente rápido para mí, pero sabía que tenía que mantenerme firme porque Island Luck tenía un gran motivo para que los clientes nos eligieran: pagos rápidos. La mayoría de los competidores en las Bahamas tardaba en pagar cuando alguien acertaba un número. Eso se debía a que los locales más pequeños estaban financiados casi como un esquema Ponzi. Si había muchas apuestas ganadoras un lunes, un competidor pequeño tal vez no tenía el efectivo para pagarles a todos hasta el miércoles o jueves. En los casos en que alguien obtenía un gran premio por una apuesta con probabilidades bajas, quizás les pagaban en cuotas semanales a lo largo de un par de meses. Eso le quitaba toda la emoción a apostar.

Island Luck estaba mejor capitalizada que la mayoría de los demás locales de la ciudad. Podíamos pagar en el acto. Nuestro eslogan era: «Ganás y cobrás». Si acertabas el sorteo de la tarde de Chicago a las 2:00 p. m., podrías recibir el pago a las 2:01 p. m. Esa era una gran diferencia entre nosotros y nuestra competencia. En los primeros días, nuestro mejor marketing era que alguien ganara un número y, esa misma noche, les mostrara a sus amigos algo que se había comprado con su premio.

El crecimiento de Island Luck fue como el vuelo de un cohete de botella con una mecha larga. Estuvimos semanas esperando a que explotaran los fuegos artificiales. Cuando finalmente lo hicieron, el negocio despegó. Fue como si todos hubiesen recibido el mensaje de la noche a la mañana de que Island Luck era el mejor lugar para apostar. Nuestros cuatro locales estaban llenos desde la apertura hasta el cierre. Cuando mi socio y yo sentimos que el impulso era sostenible, era momento de hacer crecer la operación. Quería que el juego fuera accesible para la mayor cantidad de bahameños posible. No era un logro pequeño. Las Bahamas están compuestas por 21 islas principales, pero el país abarca más de 700 islas y cayos. Comenzamos a abrir locales en las islas principales y seguimos desde allí.

En menos de 18 meses, teníamos 50 sucursales de Island Luck funcionando en el país. El crecimiento trae consigo distintos problemas que la fase inicial. Uno de los desafíos más complejos es encontrar a las personas adecuadas que nos ayuden a crecer. No hace falta que contrates a las personas más inteligentes o motivadas durante las etapas de crecimiento. Debes enfocarse en personas que tengan la visión y la capacidad de cambiar y escalar tu operación según sea necesario. Para Island Luck, necesitaba personal que pudiera implementar y mantener la parte técnica del negocio y crear una máquina de marketing. Mi socio estaba a cargo de las operaciones y yo de la tecnología, el producto y la innovación.

Lo que la mayoría de las personas no entiende es que el 90 % de lo que hace que un producto sea excelente sucede detrás de escena. Los clientes ven el resultado final, pero son las personas que trabajan tras bambalinas quienes hacen el trabajo pesado sin recibir reconocimiento. Por eso, todos deben tener orgullo profesional por lo que hacen. Cuando eres parte de una organización en crecimiento, inviertes un esfuerzo enorme y haces cosas increíbles que permiten que ese producto final llegue al mercado. Incluso cuando tus aportes no se reconocen públicamente, debes estar orgulloso de saber que tuviste un papel fundamental en ese éxito.

No me malinterpretes. Como toda idea de negocios, hubo desafíos. Existían errores en el sistema que les permitían a las personas aprovecharlos para ganar mucho dinero, hackers que intentaban manipular el sistema para obtener pagos fraudulentos, problemas internos de robo y dificultades de desempeño del servidor. El crecimiento *siempre* trae problemas. Si estás buscando el camino perfecto, no existe.

Con una persona dedicada a la tecnología y otra al marketing, empecé a abordar uno de nuestros problemas más importantes: la gestión del efectivo. Debíamos tener suficiente dinero disponible para pagar las apuestas. Además, necesitábamos procedimientos y mecanismos para mover el exceso de fondos de manera segura a otros locales que no tuvieran suficiente efectivo o al banco. Eso se debía realizar en cada una de las 21 islas. Una de las soluciones que se me ocurrió fue crear un sistema de cajeros automáticos de circuito cerrado para Island Luck. Emitimos tarjetas de débito que solo podían utilizarse en los locales de Island Luck. Cuando un cliente recibía una tarjeta, podía depositar dinero en su cuenta. Todas las apuestas y las ganancias se debitaban o acreditaban a esa cuenta o tarjeta. Si un cliente quería dinero en efectivo, podía acercarse a uno de los cajeros que teníamos en las tiendas y retirar dinero. El sistema era seguro y práctico para nuestros clientes.

Mucho antes de que Island Luck comenzara a ampliar su presencia, empezamos a darnos cuenta de algo. Nuestros competidores comenzaron, de a poco, a adaptar sus modelos de negocios para imitar el nuestro. No lo tomamos como una amenaza. Lo tomamos como la confirmación de que estábamos haciendo algo bien.

La imitación es el impuesto natural del éxito. Cuando empiezas a ganar, las personas van a intentar copiar tu manual de estrategias. Sin embargo, nuestra estrategia nunca se trató de reaccionar a la competencia. Era sobre mantenernos enfocados sin descanso en nuestros clientes. Mientras otros estaban ocupados prestándonos atención, nosotros estábamos observando a las personas que atendíamos.

En Island Luck, elegimos a propósito evitar la trampa de obsesionarnos con los competidores. En cambio, nos obsesionamos con los clientes. Estudiamos cómo interactuaban con la plataforma. Escuchamos qué les gustaba. Analizamos qué los frustraba. Utilizamos esos aprendizajes para mejorar sus experiencias de manera constante. Desde el diseño de la interfaz hasta el pago rápido y la interacción con la comunidad, todo giraba en torno al cliente.

Nuestro equipo de marketing trabajaba con la misma energía. Lanzábamos campañas coherentes y de alto impacto, no solo para llamar la atención, sino para demostrar agradecimiento. Regalamos automóviles, dinero en efectivo e incontables premios, siempre con la mentalidad de que estábamos reinvirtiendo en las personas que hacían posible nuestro negocio. El objetivo nunca fue ser mejores que la competencia. El objetivo era ser indispensables para nuestros clientes. Esa mentalidad se convirtió en nuestro foso protector alrededor del castillo de Island Luck.

A veces, el mejor marketing que puede tener un negocio sucede sin planearlo. En 2012, quería que Island Luck organizara una gran fiesta para nuestros clientes. Con comida, bebida y música: sería una celebración adecuada para agradecerles a todas las personas que habían hecho posible nuestro éxito. A lo largo de la noche, entregamos premios en efectivo a los asistentes. Decidí que la fiesta debía tener una temática de juegos. Eso mantendría entretenidos a los invitados y me parecía divertido hacer de presentador por una noche. Incluso inventé un juego que era propio de «*The Price Is Right*», llamado Lucky Bucks. Un participante aleatorio subía conmigo al escenario y le daba 7 dólares bahameños. Delante de él, había diez cajas numeradas del 0 al 9 con los números escondidos de la vista del participante. El participante elegía una caja e intentaba adivinar qué número tenía. Si decía 5 y la caja tenía el número 9, debía devolverme 4 dólares. Cuando el participante se quedaba sin dinero, el juego terminaba. Si adivinaban lo suficiente como para abrir cuatro cajas, se llevaban un gran premio en efectivo.

Pensé que el evento iba a ser una promoción única para Island Luck, pero, a medida que avanzaba el año, las personas me preguntaban qué íbamos a hacer para la fiesta de Navidad de ese año. En 2013, hicimos algo similar y el evento ha seguido creciendo desde ese entonces. Nuestra fiesta anual de Navidad, ahora denominada «Big Bang», se convirtió en un evento televisado a nivel nacional. El año pasado asistieron más de 10 000 personas y más de 20 000 personas lo vieron a través de la transmisión por internet de Island Luck.

A menudo, las empresas se distraen tratando de superarse entre sí. Island Luck optó por un camino distinto: fuimos más profundo en lugar de más amplio. Nos enfocamos en conocer a nuestros jugadores mejor que nadie. No solo sabíamos qué jugaban, sino que entendíamos por qué jugaban. Conocíamos sus hábitos, su lenguaje y qué despertaba su lealtad.

Ese nivel de intimidad con el cliente es difícil de replicar e imposible de fingir. Es fácil copiar una promoción. Es mucho más difícil imitar una empresa construida desde adentro hacia afuera, guiada por la estrategia, los datos y la empatía.

Esa es la lección: no construyas tu empresa como reacción a tus rivales. Constrúyela como respuesta a las necesidades de tus clientes. Los competidores van y vienen. Sin embargo, cuando tu negocio está basado en entender realmente a las personas que atiendes, no necesitas mantenerte relevante, te vuelves irremplazable.

Así fue como Island Luck no solo compitió. Island Luck se convirtió en la empresa de apuestas más importante de las Bahamas en términos de oferta de juegos, base de clientes, ingresos y cantidad de locales en sus primeros 18 meses.

Estaba orgulloso de lo que habíamos logrado en tan poco tiempo. No es común que alguien con mi trayectoria, alguien que empezó desde abajo, sin acceso heredado y sin un nombre ya establecido, tenga la oportunidad de generar un efecto nacional en distintas industrias.

Las personas como yo no suelen tener un asiento en la mesa.

Pero, junto a mis socios, encontramos la manera. Cuando las puertas no se abrían, dejamos de golpear y empezamos a construir las nuestras. Estábamos empezando a cambiar la narrativa: la oportunidad estaba ahí para que *cualquiera* la tome. No solo estábamos participando en la economía. La estábamos definiendo.

Había algo para lo que no estaba preparado. El éxito atrae atención desde lugares inesperados. Estaba por descubrir que siempre hay alguien que quiere una parte de tu trabajo duro y buena fortuna.

CAPÍTULO 8

CÓMO CONVERTIRSE EN UN LEÓN: POLÍTICA

Uno de los motivos por los que pude tener éxito con Island Luck fue que entendimos el panorama legal y político. En el próximo capítulo, veremos qué tan rápido la política puede modificar tu modelo de negocios. Para prepararnos para esas lecciones de la vida real, es fundamental entender qué es la política y cómo puedes utilizarla a favor de tu negocio.

Mi definición de política va más allá de las actividades de los gobiernos y sus funcionarios. Como dueño de un negocio, tienes la obligación ética y moral de cumplir con las leyes de tu jurisdicción. En teoría, las leyes existen para proteger a todas las personas y promover condiciones equitativas para todos. No cumplir con ellas puede resultar en multas, como mínimo. En el peor de los casos, no respetar las leyes puede llevarte a prisión o poner en riesgo a tus clientes o empleados.

Entender tu entorno empresarial exige distinguir entre la supervisión regulatoria legítima y la verdadera influencia política. La supervisión regulatoria incluye leyes, estándares de la industria y requisitos de cumplimiento diseñados para proteger al consumidor y garantizar mercados justos. Por otro lado, la influencia política se refiere a cambios de políticas partidistas, esfuerzos de lobby y decisiones motivadas políticamente que pueden afectar las operaciones del negocio. Ambos requieren conciencia estratégica, pero exigen enfoques distintos.

Los organismos gubernamentales, las entidades regulatorias y los marcos normativos son partes integrales de este ecosistema empresarial, no obstáculos externos. Comprender cómo trabajar de manera eficaz dentro de este ecosistema y contribuir de manera constructiva a él es fundamental para lograr el éxito a largo plazo. Divido el entorno empresarial en factores grandes y pequeños. Los factores grandes incluyen leyes, mandatos gubernamentales y factores económicos. Los factores pequeños abarcan movimientos sociales, condiciones locales y estándares de la industria.

Si crees que tu operación es demasiado pequeña para verse afectada por el entorno empresarial, ten en cuenta este ejemplo. Construiste un negocio en línea exitoso con clientes de todo el mundo. Como parte de un crecimiento responsable, recibes asesoramiento sobre cumplir con el Reglamento General de Protección de Datos (RGPD) de la Unión Europea, que protege los datos de los consumidores y genera confianza en el comercio digital. El RGPD representa una estandarización internacional beneficiosa: cuando los clientes saben que sus datos están protegidos bajo estándares mundiales, se sienten más seguros al interactuar con negocios en línea. Esta coordinación regulatoria ayuda a crear un mercado digital confiable que beneficia tanto a consumidores como a empresas. Tu negocio puede estar a miles de kilómetros de Europa, pero operar bajo estos estándares de protección demuestra tu compromiso con la privacidad del cliente y te posiciona como un actor mundial confiable.

Los negocios de cualquier tamaño pueden encontrarse sujetos a revisiones regulatorias, como veremos en el próximo capítulo con Island Luck. Los organismos reguladores supervisan empresas de todos los tamaños para garantizar el cumplimiento de los estándares vigentes, y esa supervisión se vuelve más frecuente a medida que una empresa crece y gana presencia en el mercado. La situación que describí con el RGPD es un conjunto de reglas para la recolección y retención de datos que la Unión Europea impone a cualquier sitio web disponible en un país miembro de la UE. No lo denominan la World Wide Web por nada: incluso el sitio web de un negocio pequeño puede recibir una multa si no cumple con estas normas.

En este capítulo, te enseñaré cómo identificar, comprender y manejar los factores pequeños y grandes que pueden afectar tu negocio. También verás cómo el entorno empresarial no siempre presenta desafíos. Por ejemplo, aproveché los aranceles más bajos en ciertos materiales de construcción para mantenerme dentro del presupuesto en el proyecto de Hampton Ridge. Te mostraré cómo identificar y utilizar los factores ambientales para tu beneficio y facilitar la gestión de tu negocio.

Cómo adquirir conocimientos políticos

La alfabetización política consiste en entender los factores que pueden afectar tu negocio y es algo que los emprendedores principiantes suelen pasar por alto. La creencia habitual entre los jóvenes empresarios es que sus operaciones son demasiado pequeñas para que el gobierno las afecte o que comenzarán a cumplir con las normativas cuando tengan tiempo. Ambos pensamientos son peligrosos. En primer lugar, un emprendimiento comercial nunca es demasiado pequeño para evitar la revisión regulatoria. Lo único que se necesita es una búsqueda de internet o revisión de supervisión para que tu negocio llame la atención de los organismos reguladores. Como cualquier organización profesional, estos organismos tienen estándares de desempeño y objetivos de cumplimiento que debes alcanzar. En lugar de esperar a que surjan posibles problemas, el enfoque estratégico es garantizar de manera proactiva que tu negocio cumpla con todos los estándares vigentes antes de que se convierta en un problema.

Trabajar de manera estratégica dentro del marco regulatorio implica comprender los objetivos del sistema y adaptar las prácticas de tu negocio en consecuencia. Este enfoque proactivo no solo garantiza el cumplimiento, sino que también revela oportunidades para diferenciar tu negocio mediante estándares más altos y mayor transparencia.

Creer que más adelante tendrás el tiempo para prestar atención al entorno empresarial o cualquier otro aspecto de tu negocio no es realista. Encontramos tiempo para lo que consideramos importante o interesante en nuestras vidas o negocios y ponemos excusas para el resto. Ocuparse de los factores regulatorios no es entretenido y siempre quedará relegado frente a otros aspectos más agradables de tu negocio. Trata a tu negocio, sin importar el tamaño, como si fueras el CEO de una empresa de Fortune 500. Aprende a priorizar y delegar, pero recuerda que eres responsable de cada aspecto de tu negocio. Los mejores CEO tienen equipos encargados de brindarles informes sobre distintas áreas de la empresa. Tú no deberías funcionar de manera distinta. Si empiezas por tu cuenta o con un equipo pequeño, ¿cómo podrías tener personas que te informen sobre asuntos políticos? Crea una red de información.

Tu red política comienza con unirte a una asociación comercial reconocida dentro de tu industria. Estas son las mismas asociaciones comerciales que suelen organizar o participar en las ferias comerciales mencionadas en el capítulo 2. Tu función es mantener informados a los miembros sobre novedades de la industria y representar sus intereses ante los legisladores. Tu tarifa de membresía te brinda acceso a profesionales que recopilan información sobre las fuerzas políticas por ti. Como beneficio adicional, estas asociaciones comerciales pueden ponerte en contacto con proveedores u oportunidades de marketing. En muchos casos, ofrecen niveles de membresía para emprendimientos o negocios pequeños, que hacen que sea más asequible unirse. Por lo tanto, no hay excusa para no aprovechar este recurso.

Por lo general, las asociaciones comerciales actúan como intermediarios para tu industria. Esto permite que aportes una perspectiva empresarial valiosa a través de representantes, quienes transmiten información del mundo real a los legisladores durante el desarrollo de políticas. Este nivel de participación es una oportunidad poderosa para que los emprendedores ayuden a definir regulaciones prácticas y eficaces que beneficien tanto a las necesidades comerciales como a los intereses públicos. Puedes y debes contactarse de manera directa con los representantes de tu jurisdicción sobre cualquier inquietud legal. Sin embargo, cuando tu opinión está respaldada por el poder de cientos de empresarios, adquiere mucho más peso ante los funcionarios electos.

Otro paso simple para adquirir alfabetización política es leer los titulares, algo que probablemente ya haces a diario. Mantenerse al tanto de las noticias, en especial las locales, te permitirá conocer pronósticos económicos, tendencias sociales y otros factores que pueden afectar tu negocio. Al escanear titulares en forma selectiva y profundizar en los artículos relevantes, obtendrás una visión anticipada de posibles desafíos u oportunidades. Esto te permitirá tomar decisiones proactivas y mantenerte ágil ante condiciones de mercado cambiantes.

Un titular sobre la construcción de una carretera podría ser relevante si tu empresa tiene venta minorista o depende de entregas de proveedores programadas. Los informes sobre los hábitos generales de consumo también merecen atención. Es probable que los informes se basen en encuestas o investigaciones de grupos nacionales especializados en consumo. Ese tipo de investigación es costosa, así que debes aprovechar la información gratuita siempre que esté disponible. Comprender cómo cambian los hábitos de consumo puede ofrecer información clave sobre posibles cambios en el comportamiento y las preferencias del consumidor. Eso te permitirá ajustar estrategias de marketing, gestión del inventario o servicios ofrecidos según las tendencias actuales. Lo único que debes hacer es leer las noticias.

Otra manera de filtrar contenido relevante es configurar alertas de Google para determinadas palabras o términos clave. Si no estás familiarizado con esto, Google ofrece un servicio gratuito que envía correos electrónicos cuando aparecen en línea ciertas palabras clave, tendencias de la industria, actualizaciones de competidores o incluso las menciones de tu nombre o negocio. Los pequeños emprendimientos pueden obtener información en tiempo real sobre noticias relevantes, opiniones de consumidores y desarrollos de la industria a través de esta herramienta gratuita.

Las alertas de Google tienen sus limitaciones. No detectan bien las publicaciones en redes sociales. Analizamos algunos de los beneficios de las redes sociales en el capítulo 4. En consonancia con el enfoque selectivo que debes aplicar en su uso, deberías seguir cuentas de este tipo para entender cómo los factores ambientales pueden afectar tu negocio:

- Competidores directos
- Líderes de la industria
- Influencers de tu sector
- Legisladores locales y nacionales
- Medios de noticias locales
- Plataformas o empresas de software esenciales para tu operación
- Mejores y peores clientes
- Asociaciones comerciales
- Ferias comerciales
- Proveedores

Si vas a desplazarte por las redes antes de irte a dormir, seguir estas cuentas te permitirá ver en tiempo real qué fuerzas externas pueden afectar tu negocio. Utiliza las mismas reglas de filtrado que usas para los titulares. Escanea el contenido de estas publicaciones rápido y determina qué es relevante. Luego, decide si esa información puede generar una amenaza o una oportunidad para ti. Por último, actúa sobre ese conocimiento para lograr el mejor resultado.

Un punto importante sobre seguir cuentas de clientes: no ignores publicaciones que hablen de manera negativa sobre tu negocio. A nadie le gusta ser criticado y las personas suelen ser exageradas en internet. Sin embargo, intenta entender por qué se tomaron el tiempo de hacer esa publicación. No deberías responder de inmediato ni de manera inapropiada. Piensa en responder públicamente que quisieras conversar sobre el asunto por privado y ofrece llamarlos. Si logras resolver el problema, agradece en público al cliente por tomarse el tiempo de mejorar tu negocio. Este tipo de tácticas te brindan información valiosa sobre el problema y reduce la fuerza política de una percepción pública negativa sobre tu empresa.

Además, debes agradecerles a los proveedores, empresas de software, clientes o cualquier persona que aporte de manera positiva a tu negocio en redes sociales. Si un proveedor aceleró una entrega en su cadena de suministros, dales un reconocimiento. Cuando un cliente es agradable, etiquétalos en una publicación. Cualquier noticia positiva y gesto de gratitud contribuye a desarrollar el componente final de la alfabetización política: las relaciones.

En el próximo capítulo, verás cómo tres de mis amigos me alertaron sobre una situación que podría haber desencadenado el final de Island Luck. Nunca habrían hecho ese esfuerzo si no hubiera invertido tiempo en construir una buena relación con ellos. Island Luck en sí misma tal vez no existiría si mi compañero de póker no se me hubiese acercado con la idea de transformar, ampliar e innovar la industria con un enfoque competitivo en ofrecer mejores servicios para el juego de números. Las relaciones comerciales y de la industria que construyas te brindarán información específica que va más allá de titulares y publicaciones en redes sociales. Les hablarán directamente a tus operaciones, así que tómate el tiempo de escuchar y actuar sobre los buenos consejos.

Áreas de preocupación para los grandes factores

Recuerda que mi definición del entorno empresarial incluye todo aquello que afecta tu negocio que esté fuera de tu control directo. La mayoría de los emprendedores no está acostumbrada a pensar en términos tan amplios. Como cualquier otra habilidad, aplicar alfabetización política requiere práctica y un filtro de información. Los siguientes temas son áreas a las que debes prestar atención, ya que se relacionan con los principales factores ambientales. Cada vez que te encuentres con información relacionada con estas áreas, detente un momento y pregúntate cómo esas tendencias y regulaciones nacionales podrían afectar tus operaciones. Si el área está relacionada con el cumplimiento, prioriza este trabajo como una función central del negocio. Las prácticas sólidas de cumplimiento crean un valor comercial tangible al generar confianza en los consumidores, evitar interrupciones costosas y, muchas veces, revelar eficiencias operativas. Establecer sistemas de cumplimiento sólidos desde el inicio protege tanto a tu negocio como a tus clientes, al mismo tiempo que te posiciona para un crecimiento sostenible.

ECONOMÍA BÁSICA

La economía no trata solo del dinero, aunque entender las finanzas es esencial para un negocio exitoso, como analizamos en el capítulo 5. El estudio de la economía se centra en comprender los mercados y cómo las personas toman decisiones sobre estos mercados según el mundo que los rodea. Un excelente ejemplo de esto son los motivos detrás de las ventas lentas en Balmoral. La crisis bancaria de 2007-2008 de los Estados Unidos afectó la velocidad de venta de mi desarrollo Balmoral, de 42 acres. Las ventas lentas se debían, en parte, a que los compradores bahameños estaban asustados de que hubiera una disminución en el turismo, lo que sería perjudicial para la economía bahameña en general. Las personas toman decisiones según cómo perciben el mundo que los rodea.

Lo que alimentó esas percepciones pesimistas fueron los informes de noticias que hablaban de confianza del consumidor, tasas de intereses, inicios de construcción y docenas de otros términos que tenían una relación directa con cada uno de los negocios de las Bahamas, a pesar de encontrarse a solo unas millas de las costas estadounidenses. Comprender estos principios y términos económicos básicos te equipará para tomar mejores decisiones a largo plazo. Supongamos que escuchas en las noticias que el banco central subirá las tasas de intereses. Eso significa que es probable que aumente la tasa de los préstamos que los gobiernos ofrecen a sus mejores clientes. Si entiendes eso, sabrás que el aumento en una tasa hará que los préstamos comerciales y personales también suban. En caso de que tu negocio necesite un préstamo para comprar equipamiento nuevo, podrías convenir hacerlo ahora para ahorrar dinero en intereses. Así es cómo la economía a gran escala (o macroeconomía) tiene un efecto directo en tu negocio.

Las percepciones económicas y los hábitos de consumo no se limitan a compras grandes, como viviendas. Supongamos que tienes una empresa de bebidas que utiliza botellas de plástico. ¿Los consumidores evitarán comprar tu producto porque consideran que las botellas de plástico dañan el medioambiente? Eso también es una reacción al mercado basada en percepciones del mundo que los rodea, igual que lo es un aumento en las tasas de intereses del banco central.

Recomiendo dedicar algunas horas a tomar cursos gratuitos en línea de economía, como mencionamos en el capítulo 5, para aprender sobre oferta y demanda, elasticidad de precios y otros términos y principios fundamentales de la economía. Una vez que domines lo básico, escucha los titulares financieros relevantes para tu área e industria. Si lo que aprendiste no cubre un tema que aparece en una noticia importante, investiga más y averigua qué está pasando.

Por último, entiende que las noticias u observación directa que tengas sobre las fuerzas económicas son una herramienta de toma de decisiones, como todo lo que analizamos en los capítulos de «Cómo convertirse en un león». Un titular o el informe trimestral del gobierno no significan que el cielo se esté cayendo ni que debas abandonar tus metas empresariales. Puedes aprovechar una mala noticia económica, como en el ejemplo anterior de adelantar la solicitud de un préstamo.

HUELLA DIGITAL

La huella digital de tu empresa es fundamental para tu éxito. Desde atraer nuevos clientes con redes sociales y sitios web hasta impulsar ventas internas y plataformas de datos, no puedes dirigir una empresa sin algo de ayuda del ciberespacio. Un error común entre emprendedores principiantes es asumir que tu presencia comercial en línea es igual a tu presencia personal en línea. Sin embargo, todo cambia cuando entran al mundo empresarial.

El gobierno puede regular desde los sitios web comerciales hasta las campañas de correos electrónicos. Como vimos antes en el capítulo, las normativas internacionales pueden determinar cómo manejas los datos de tu sitio web, incluso a medio mundo de distancia. En los Estados Unidos, existen regulaciones sobre accesibilidad para personas con discapacidades y sobre el correo no deseado qué regulan cómo se recopilan y utilizan direcciones de correo electrónico.

Estas leyes y pautas promueven la equidad y la seguridad en el entorno digital, mientras protegen la privacidad y los derechos de los usuarios. Los gobiernos de todo el mundo establecieron regulaciones que no solo afectan el funcionamiento de los negocios, sino que garantizan un entorno digital inclusivo y considerado para el comercio. Cumplir con estas leyes no solo genera confianza con los consumidores, sino que demuestra tu compromiso con prácticas éticas. Comprender y respetar estos tipos de regulaciones es esencial no solo para construir confianza con el cliente, sino para evitar sanciones.

Las regulaciones bien diseñadas ofrecen claridad y estructura que en realidad benefician a las empresas al establecer expectativas claras y crear condiciones equitativas para la competencia. Cuando todos los competidores operan según los mismos estándares, las empresas pueden competir en innovación y calidad del servicio, en lugar de quién puede tomar atajos. Este marco regulatorio generalmente impulsa mejoras en toda la industria que benefician a todos.

Los gobiernos no son los únicos factores dentro del ámbito digital. Debes prestar mucha atención a los Términos de servicio (TOS) de software, las redes sociales, el almacenamiento en la nube y otras plataformas de internet. El uso comercial podría no estar permitido en la plataforma que estés utilizando. Un ejemplo son imágenes o íconos de dominio público disponibles en la web.

Muchos creadores comparten su trabajo bajo licencias Creative Commons. Algunas requieren atribución o permiten solo uso personal. Si tu empresa utiliza una imagen sin la licencia adecuada, podrías violar los derechos de autor de una persona o empresa. Eso puede provocar desde una carta de cese y desistimiento hasta una demanda. Presta atención a esos puntos del TOS para asegurarte de operar dentro de las pautas.

La seguridad digital de tu empresa es otra área esencial que deberás analizar. Sería difícil mantener un negocio sin recopilar ni generar datos digitales sobre tus clientes y procesos internos. Eso significa que tienes la responsabilidad ética de proteger esos datos, independientemente de las regulaciones gubernamentales. Implementar medidas de ciberseguridad, como protocolos de cifrado y los firewalls, puede realizarse mediante software de terceros. No utilizar un software de ciberseguridad es como conducir sin cinturón de seguridad: todo está bien hasta que tienen un accidente. Una filtración de datos y el proceso de recuperación podría costarte toda la empresa. Las medidas proactivas son relativamente económicas y reducen los riesgos de la reputación de tu empresa. Además, demuestran tu compromiso con el manejo ético de los datos.

Normativas y leyes laborales

Cuando tu negocio crece al punto tal de necesitar empleados, no pienses que puedes hacerlo por debajo de la mesa. ¿El CEO de una empresa de Fortune 500 le diría a su departamento de RR. HH. que les pague a los empleados de manera extraoficial o sin la documentación adecuada? No, y tú tampoco deberías hacerlo. No es justo para tus empleados y puede ocasionar multas u otras sanciones por parte del organismo laboral de tu jurisdicción. Además, podrías enfrentar demandas por parte de tus empleados por negligencia u otras violaciones de las leyes laborales.

La gestión de registros es el área donde más suelen surgir problemas de cumplimiento con los empleados. Ya sea documentación migratoria o tarjetas de horario, cumplir con los estándares de justificación te evitará problemas. Crea un sistema para la nómina y el registro de horas que tú o tu personal contable sigan sin margen de error. Los informes precisos garantizarán no solo el cumplimiento, sino también que tus empleados cobren en tiempo y forma. Nada genera más resentimiento en un trabajador por hora que un sueldo incorrecto o impago.

Debes supervisar o delegar auditorías periódicas para asegurarte de que tus empleados estén tomando los descansos y las pausas legales. Si la junta laboral local audita tu negocio, esta es una de las primeras áreas que revisará. El auditor supondrá que, si tus empleados no toman descansos ni pausas para comer, tú los estás desalentando. El empleado podría jurar sobre la Biblia que no quería tomarse el descanso, pero aun así es probable que tú recibas una multa.

Las leyes laborales existen para garantizar que los malos empleadores no exploten a su personal. Al seguir estas pautas, estás haciendo apenas lo mínimo para mantener una fuerza laboral segura y satisfecha. No lleves esos límites al extremo o podrías encontrarte solo haciéndote cargo de todo.

NORMATIVAS Y REGLAS ESPECÍFICAS DE LA INDUSTRIA

Los gobiernos ejercen distintos niveles de control sobre las empresas según el riesgo que representan para sus empleados y el público en general. Una planta nuclear estará mucho más regulada que un local de comidas rápidas. Antes de iniciar tu negocio, debes conocer las regulaciones o inspecciones específicas de tu industria que se requieren antes de abrir. Por lo general, forman parte de los procedimientos de obtención de licencias que veremos en la próxima sección. Este no siempre es el caso, ya que las agencias gubernamentales suelen estar divididas por áreas. Unas pocas búsquedas en internet sobre tu industria y jurisdicción deberían darte toda la información necesaria sobre las regulaciones de la industria.

Si administras un negocio especializado, puede que necesites obtener una licencia o certificación educativa otorgada por una industria o un fabricante. Estas certificaciones les indican a los clientes que cumples con los estándares del sector y que pueden confiar en tu nivel de competencia. Por ejemplo, si tienes un taller mecánico, puedes obtener certificaciones para trabajar con marcas específicas de automóviles. Ese tipo de certificación puede crear un nicho de mercado y permitir que tus clientes accedan a piezas especializadas o eviten acciones que anulen garantías. Si no estás seguro sobre qué certificaciones existen, consulta con tu asociación comercial para conocer oportunidades educativas únicas.

LICENCIAS

Para operar un negocio legalmente en la mayoría de las jurisdicciones, deberás obtener algún tipo de licencia emitida por una entidad gubernamental. La mayoría de los emprendimientos requieren, como mínimo, una licencia comercial para operar dentro de una jurisdicción. Estas licencias varían según la naturaleza del negocio y la ubicación. Por ejemplo, una licencia comercial general suele ser necesaria para cubrir las operaciones básicas, mientras que las industrias específicas pueden requerir permisos adicionales o licencias especializadas. Los permisos sanitarios para restaurantes, los permisos para manejar materiales peligrosos, las licencias profesionales para ciertos servicios médicos o legales, y los permisos de zonificación para ubicaciones específicas son ejemplos de licencias especializadas que quizás necesites analizar.

Tu negocio puede operar en un área inicialmente no regulada, como ocurrió con Island Luck. Cuando inauguré Island Luck, creí que la ley no exigía ninguna licencia adicional, más allá de la licencia comercial básica. Eso no significa que, en el futuro, tu modelo de negocios no termine regulado por algún organismo gubernamental. Por eso es importante mantenerse al día con las noticias locales e industriales. Basta con que un legislador decida que una industria no regulada necesita control. Si un legislador aprueba una ley, es tu responsabilidad garantizar que cumplan con la nueva normativa. No esperes a que las agencias gubernamentales te controlen y te informen los cambios. Mantenerse informados sobre los cambios regulatorios es una práctica empresarial estándar y demuestra tu compromiso con el cumplimiento.

INFORMES FINANCIEROS E IMPOSITIVOS

Existen pocas cosas que pondrán tu negocio en riesgo más rápido que descuidar tus obligaciones impositivas. Pagar impuestos no es solo un requisito legal. Es una forma esencial de contribuir a las comunidades y la infraestructura que permiten que tu negocio funcione y crezca. El incumplimiento de la obligación de recaudar y pagar los impuestos correspondientes sobre la renta, ventas o el valor agregado (IVA) de tu empresa puede dar lugar a multas, sanciones e incluso la cárcel. La solución más simple para esta área es contratar a un buen contador. Si no tienes la capacitación profesional para manejar la contabilidad y los problemas fiscales de tu empresa, contrata a alguien. Vale la pena pagarle a alguien para evitar el dolor de cabeza de lidiar con todo eso.

Si tu negocio se maneja principalmente con efectivo o transacciones financieras, quizás debas cumplir también con pautas contra el lavado de dinero. En los últimos 20 años, las regulaciones destinadas a evitar el ocultamiento del origen de fondos obtenidos ilegalmente o impedir la financiación de organizaciones terroristas han aumentado en todo el mundo. Por lo general, estas leyes se enfocan en el registro y la verificación de ingresos y gastos. Si tu negocio ofrece tarjetas de regalo, transferencias de dinero (como Western Union) o cambio de divisa, presta especial atención a los requisitos normativos de tu jurisdicción.

Contar con un contador que entienda sobre impuestos siempre es una ventaja. Uno de los principios detrás de que los gobiernos impongan impuestos es orientar el comportamiento de los ciudadanos. Si alguna vez compraste cigarrillos o alcohol, probablemente pagaste una tasa de impuestos más alta que la de un pan. Eso se debe a las consecuencias sociales y sobre la salud del tabaco y el alcohol. Un impuesto más alto desalienta su consumo. La lógica inversa también existe. Cuando un gobierno quiere impulsar ciertas acciones o inversiones, ofrece incentivos a través de créditos fiscales. Por ejemplo, tu jurisdicción podría ofrecer tasas impositivas reducidas para la compra de vehículos eléctricos o créditos fiscales corporativos por contratar veteranos. Es una práctica empresarial que el gobierno incentiva y que los legisladores quieren ver con mayor frecuencia.

Cuando tengas la oportunidad y tenga sentido financiero, deberías aprovechar estos programas de incentivos. Cada vez que puedas crear una eficiencia o una propuesta de valor agregado para tu operación y reducir tu carga impositiva, será una victoria importante. Ese proceso comienza con el conocimiento y tu contador o asociación comercial son dos de las fuentes más accesibles para obtenerlo.

PEQUEÑOS FACTORES AMBIENTALES

El gobierno y los grandes factores no serán tu única preocupación cuando tengas un negocio. Tu empresa, sin importar su tamaño, también opera dentro de un entorno más pequeño: tu huella local. La relación que tengas con tus vecinos puede determinar qué tan exitosa será tu operación. Si los tratas con respecto y generas oportunidades que mejoren su calidad de vida, es mucho más probable que apoyen tu negocio.

Crear una huella local positiva implica involucrarse con la comunidad de manera activa. Esto incluye participar en eventos locales, apoyar iniciativas benéficas y ser miembros activos de las asociaciones vecinales. Construir una buena relación con los comercios vecinos puede fomentar la colaboración y generar alianzas y derivaciones mutuamente beneficiosas. Priorizar prácticas amigables con el medioambiente y minimizar molestias, como el ruido o el tráfico, pueden contribuir a formar una relación armoniosa con la comunidad. Una presencia sólida a nivel local basada en la confianza, el respeto y el aporte a la comunidad no solo mejora la reputación de tu negocio, sino que cultiva una base de clientes leales que valoran tu compromiso con el área local. Como mencioné en el capítulo 7, eso es lo que hice con el Big Bang de Island Luck, ¡y se convirtió en un evento nacional!

COMUNIDAD SOBRE COMPETENCIA

Si abriste tu negocio en un lugar donde existía una brecha en el mercado, como expliqué en el capítulo 2, disfrutarás un tiempo en el que serás el único en la ciudad. Si tu negocio es exitoso, no pasará mucho tiempo hasta que alguien más note la oportunidad y abra una empresa competidora. Lo mejor es ver a la competencia como una oportunidad para mejorar tu operación. Enojarse porque alguien se introduce en tu terreno solo le dará una mala experiencia a tus clientes. Los servicios superiores y los procesos innovadores diferenciarán tu negocio al punto de que superarán a tu competencia y todos terminarán alimentándose de bases de clientes distintas. Logré que Island Luck se destacara gracias a la política de pago por números y una tienda web. Creé un punto de diferencia tan grande que mis competidores y yo ni siquiera estábamos en la misma liga.

Una vez que dejas atrás a tu competencia, habrá momentos en los que todos en la industria enfrentarán las mismas preocupaciones. Cuando surgen esos problemas cotidianos, tú y tus competidores estarán mejor si unen fuerzas que si luchan por separado. En el próximo capítulo, verás una situación donde me uní a los competidores de Island Luck para encontrar una solución en común que mantuviera a todos los negocios a flote. Si generas enemistad con la competencia, cuando lleguen esos momentos, estarás solo. Es mejor construir una comunidad que se ayude entre sí que aislar a los competidores y quedar destruidos en los momentos difíciles.

Esto no significa revelar secretos comerciales o que des una parte de tu terreno al crear una comunidad con tus competidores. Lo que sí puedes hacer es ser honesto contigo mismo y tus clientes en lo que respecta a que la competencia ofrece distintos niveles de servicios o puntos de diferencia. Si tu modelo de negocios no es el que mejor satisface las necesidades de un cliente, envíalos con tu competidor. En la mayoría de los casos, ese cliente no les contará a sus amigos sobre el servicio que recibió en la competencia. Ese cliente les dirá a los demás lo amable que fue tu gesto al preocuparse por sus necesidades. Tu competidor apreciará el negocio y seguramente comience a hacer lo mismo por ti.

Ese es un paso sencillo para empezar a construir una comunidad con tu competencia. Existen cientos de maneras de fomentar vínculos con tus competidores. Sea cual fuere la estrategia, siempre asegúrate de mantenerlos informados sobre los pequeños factores ambientales que pueden afectar sus negocios. Recuerda que estás buscando aliados para los momentos difíciles y eso implica cuidarse entre ustedes.

INVOLUCRARSE EN EL PROCESO

Participa en los procesos locales. No solo en el sentido gubernamental, sino también en todos los aspectos relacionados con los factores ambientales que afectan a tu barrio. Conviértete en un miembro de la asociación de comerciantes local y participa en las reuniones. Asiste y apoya los eventos de la comunidad. Asiste a las reuniones de zonificación y del gobierno local cuando puedas. Pronto, descubrirás qué problemas y oportunidades genera tu negocio dentro de la comunidad. Establecer contactos con el gobierno local y la estructura de poder informal del barrio te brindará las mismas conexiones beneficiosas que mencioné en las secciones dedicadas a los grandes factores.

Conclusión

Es probable que hayas escuchado el dicho de que una mariposa que vuela sobre África del Norte puede desencadenar una reacción que termine produciendo un huracán en Nasáu. No soy meteorólogo y no sé si eso es cierto. Lo que sí sé es que, cuando analizas los factores ambientales, uno intenta predecir huracanes a partir del aleteo de una mariposa. Las leyes, las regulaciones y la opinión pública son áreas donde el diablo se encuentra en los detalles, y pueden provocar tormentas para tu negocio. Comprender cómo interpretar y aprovechar estos factores ambientales es lo que te mantendrá fuera de la lluvia.

No siempre te darás cuenta de las señales correctas o incluso puede que ni las notes. A veces, actuarás con la mejor información disponible y, aun así, tomarás la decisión equivocada. No hay garantías en los negocios, solo suposiciones bien informadas. Entender los factores que no puedes controlar al menos te dará una oportunidad para evitar los puntos ciegos. Cada negocio está a una sola ley de cambiar para siempre. En el próximo capítulo, verás cómo el entorno empresarial generó grandes problemas para Island Luck, sin que fuera mi culpa.

CAPÍTULO 9

COSAS QUE NO SALIERON SEGÚN LO PLANEADO

A Island Luck le iba lo suficientemente bien como para que me olvidara de mis preocupaciones por el tigre dormido. Sin embargo, a finales de 2010 o principios de 2011, recibí una llamada de un funcionario del gobierno. A otros cuatro de los principales operadores de tiendas web en el país y a mí nos convocaban a una reunión en la oficina del primer ministro. No me habían explicado los asuntos a tratar en la reunión. Tenía una idea de qué podía tratarse, pero tampoco quería que nos tomaran por sorpresa. Llamé a mi equipo de cumplimiento normativo para que realizara una auditoría. Estábamos pagando todos los impuestos correspondientes sobre los ingresos. Nuestras licencias comerciales y de software estaban actualizadas. Todos nuestros empleados habían presentado la documentación necesaria ante el gobierno. Island Luck estaba en regla en todos los aspectos políticos que se nos podría ocurrir.

Entré a la reunión con la confianza de que no nos encontraríamos con ninguna sorpresa con respecto a nuestra operación actual. Mis competidores y yo entramos a una sala de conferencias y esperamos a que comenzara la reunión. Varios funcionarios gubernamentales, supuse, se movían por la sala y se sentaban en los rincones. Sin pompa ni ceremonia, un hombre llamado Sr. Cunningham entró a la sala. Tras unas breves palabras de agradecimiento por haber asistido, el Sr. Cunningham nos dijo:

El primer ministro quisiera regular esta industria y es momento de que paguen su cuota justa de impuestos. Ahora mismo, están pagando una pequeña tarifa por licencia comercial, pero creemos que deberían pagar más impuestos. Les pido que me entreguen sus estados financieros básicos y estaré a cargo del proceso para avanzar con la regulación. El plan de regulación e impuestos se implementará el 1.º de julio.

También reconocieron que la implementación de la normativa sería casi imposible.

La industria de los números había crecido ampliamente, estaba organizada e integrada en la economía diaria, con cientos de personas que participaban todos los días. El modelo de negocio ahora se había vuelto completamente digital y en línea. Gran parte de la infraestructura de los servidores estaba ubicaba y operaba fuera del país, con licencias en otras jurisdicciones. Creo que todos nos dimos cuenta de que las leyes vigentes estaban desactualizadas y no contemplaban el juego en línea. Cerrar la industria habría requerido recursos financieros, reformas legales y capacidades tecnológicas que no existían en ese momento.

Eso fue todo. El Sr. Cunningham concluyó la reunión antes de que pudiéramos empezar a formular preguntas. Cuando mis competidores y yo salimos de la sala, todos comenzaron a expresar sus opiniones sobre lo que exactamente significaba el pedido del primer ministro para nuestros negocios. La mayoría se mostraba escéptica ante la posibilidad de que el gobierno adoptara una función reguladora en nuestra industria. ¿Cómo sería eso? ¿Cómo afectaría la regulación a nuestros modelos de negocio? ¿Cómo se regula lo que hacen las personas en internet? Lo más importante, ¿cuánto más quería cobrarnos el gobierno en impuestos? El primer ministro dio a entender que no pagábamos impuestos. Eso no era cierto, al menos en el caso de Island Luck. Tenía una visión distinta sobre la regulación.

Lo vi como una oportunidad para apoyar un marco regulatorio y traer algo de orden al lejano oeste que había existido por más de 50 años, no solo en términos impositivos, sino también en protección del jugador, transparencia y equidad. Lo consideré una verdadera oportunidad para estandarizar, modernizar y gobernar una industria que había sido ignorada durante décadas. Todos hacían la vista gorda, a pesar de saber que existía y entender cuán grande era. Teníamos la posibilidad de ayudar al gobierno a desarrollar reglas razonables para nuestra industria. Los gobiernos de todo el mundo estaban aprobando leyes sobre tecnologías que no comprendían y los resultados habían sido casi desastrosos para algunos sectores tecnológicos. Al menos nosotros podríamos formar parte del proceso regulatorio.

La cuestión impositiva era inevitable. Cuando cualquier gobierno ve ganancias corporativas en una industria joven, quiere una porción mayor. Después de debatir nuestras preocupaciones, todos decidimos que lo mejor era trabajar con el gobierno. Le enviaríamos al ministro de finanzas los estados financieros relevantes que necesitara y nos pondríamos a su disposición durante el proceso de planificación. Todos cumplieron con ese acuerdo. Durante los siguientes meses, las tiendas web hicieron todo lo posible para acompañar el impulso regulatorio. Un día, a comienzos de julio, vi un artículo en el diario que decía que el primer ministro había decidido avanzar con la regulación de la industria. Más tarde, explicó que su decisión se debía a la creciente presión de la iglesia y declaró de manera pública que la legislación sobre el juego se abordaría después de las próximas elecciones generales. Parecía que, en lugar de arriesgarse a incomodar a ese sector antes de las próximas elecciones, su gobierno optó por posponer la decisión. Fue una retirada calculada, no porque la regulación fuera incorrecta, sino porque era un movimiento arriesgado a nivel político.

Curiosamente, el gobierno siguió otorgando licencias para tiendas web, la industria se siguió ampliando y empresas como Island Luck siguieron haciendo negocios con normalidad y pagando los mismos impuestos de siempre.

No se volvió a hablar de la regulación de las tiendas web hasta que llegó el ciclo electoral de 2012. El partido opositor incluía varios artículos importantes en su plataforma. Uno de ellos era la regulación de las tiendas web y la adopción de una lotería nacional. Prometieron que, dentro de los 90 días posteriores a las elecciones, se realizaría un referéndum sobre ambos temas. No me sorprendió que volviera a aparecer el tema de la regulación. En 2012, la industria de las tiendas web empleaba aproximadamente a 3 000 personas en todo el país. Con un referéndum y una regulación inminentes, al menos sabría cuál sería la situación de Island Luck. Pasaríamos a formar parte de la economía formal y dejaríamos de ser una anomalía que existía solo porque la ley no contemplaba nuestra existencia y, finalmente, podríamos darle un cierre a un problema de décadas.

Estaba a favor de la regulación y, aunque ganaba más dinero con la situación actual, creía que regular y ajustar la carga impositiva era lo correcto. En 2012, la población de las Bahamas rondaba las 375 000 personas. Según mis cálculos, 100 000 de esas personas jugaban a los números o participaban de algún tipo de apuesta en las tiendas web. Si se excluye a los menores de edad que no votan, eso significa que casi la mitad del electorado jugaba a los números u otros juegos de azar. Sin duda, la población votaría a favor de una lotería nacional y de la regulación.

Llegaron las elecciones y ganó el Partido Liberal Progresista (PLP). Cumplieron con su promesa de convocar a un referéndum: se estableció la fecha y comenzó la campaña. Nuestro eslogan era simple: «¡Voten por sí!» A donde fuera, hablaba del voto y de la importancia de asistir a las urnas. En poco más de tres años desde que Island Luck había abierto, habría llevado a la industria a un hito histórico, que ponía fin a décadas de discriminación. Por fin me liberaría de la presión de operar en un espacio no regulado, tanto para mí como para

Island Luck. Además, los demás dueños de tiendas web y yo deberíamos seguir las mismas reglas.

El día del referéndum, voté por sí. La oposición al voto afirmativo provenía de algunos grupos religiosos y, de manera sorprendente, de miembros del partido político opositor que habían declarado públicamente que pensaban hacer exactamente lo mismo después de las elecciones. Su mensaje era que votar no significaba poner fin al juego en las Bahamas. La postura de la iglesia era esperable. Nunca cuestioné su derecho a oponerse al juego. Siempre he respetado a la iglesia y el papel que desempeña en el apoyo a nuestros ciudadanos y en la construcción de nuestras comunidades. Lo que sí me llamó la atención fue que algunos líderes religiosos que se manifestaban en contra del juego local se guardaban un silencio llamativo cuando se trataba de los casinos físicos que operan en nuestra capital, muchos de ellos de propiedad extranjera. Estos establecimientos generan ingresos significativos y alimentan a los hoteles que celebramos como símbolos de orgullo nacional. Según algunos, ese silencio planteaba una pregunta más profunda sobre la coherencia.

La mayoría de los votantes del referéndum eran clientes de Island Luck y de sus competidores. Pensé que ganaríamos por una diferencia abrumadora. Los barones de la industria de las tiendas web se unieron a mí para planificar una celebración de la victoria en uno de nuestros parques nacionales. Esperaba con entusiasmo subirme al escenario junto a todos ellos. Éramos pioneros en una industria 100 % bahameña. El petróleo, el transporte, los bancos y el turismo estaban controlados por intereses especiales locales o extranjeros. Eso no ocurría en la industria del juego. Todos éramos hijos e hijas de las Bahamas y no necesariamente miembros de las élites históricas ni del clan de los guardianes del acceso. Podía aceptar con gusto la regulación si eso significaba consolidar nuestra posición y crear una nueva generación de líderes económicos. La fiesta de la victoria estaba organizada y me fui a un bar cercano para ver los resultados de la elección. Llegaron los primeros resultados de un distrito electoral: 200 no, 80 sí. Tenía que ser un caso aislado. El siguiente distrito mostraría la verdadera magnitud del voto. Los números aparecieron en la pantalla y fue como si alguien me hubiese dado una bofetada: 800 no, 300 sí. Vamos a perder, pensé mientras pedía otro trago.

Unas horas más tarde, se dio por finalizado el referéndum. Salí del bar y me dirigí a la fiesta de consuelo. Habíamos perdido y no lograba entender por qué. Hablé con varias personas de camino al parque y empecé a ver con más claridad lo que había sucedido. Aquello se convirtió en una valiosa experiencia de aprendizaje sobre la importancia de la comunicación y el compromiso eficaz con el público. Muchos votantes tenían dudas sobre cómo la regulación podría afectar los pagos o modificar el sistema existente con el que estaban familiarizados. La participación electoral fue menor de lo esperado, ya que muchos partidarios del sí creyeron que el resultado era inevitable. Como campaña del sí, aprendimos lecciones importantes sobre la necesidad de una educación y participación ciudadana más amplias, que ayuden a las personas a entender las consecuencias y los beneficios del marco regulatorio que estábamos proponiendo.

Muchas personas no entendieron lo que este referéndum representaba para mí y para las Bahamas. No se trataba solo del juego. La votación apuntaba a poner fin a un sistema discriminatorio dentro de nuestro propio país. Durante años, las Bahamas habían mantenido un sistema de dos niveles, en el que los extranjeros podían poseer y operar casinos, mientras que a los bahameños se les prohibía participar. Los visitantes extranjeros podían acceder a estas mismas oportunidades de juego que se les negaban a los bahameños. Ese nivel de discriminación era inaceptable, sin importar la postura moral que cada uno tuviera sobre el juego.

Estaba luchando por terminar con esa discriminación. Si podíamos romper la discriminación en la industria del juego, habría otros frentes donde dar batalla. La economía bahameña está dominada por grupos de intereses especiales que controlan el acceso al capital y a las oportunidades. Eso condena a la mayoría de los bahameños a ser aceptadores de precios de manera permanente, mientras que otros siguen siendo quienes los fijan. El referéndum representaba nuestra posibilidad de terminar con este apartheid económico y crear una verdadera democracia económica. No inventé el juego, pero vi la oportunidad de formalizar una actividad ya existente y, al mismo tiempo, abrir caminos de progreso financiero que históricamente se les habían negado a los bahameños. Se trataba de demostrar que podíamos poseer, operar y regular sectores económicos principales por nuestra cuenta. Eso hizo que el resultado de la votación fuera aún más devastador. Una vez más, se nos negó la posibilidad de poner fin a generaciones de exclusión y discriminación financiera en nuestro propio país.

El resultado final fue una mayoría de tres a uno a favor del no. Eso era una victoria contundente en cualquier elección. También era una expresión de la opinión pública que el gobierno no podía ignorar. Tal como temía, al día siguiente, el primer ministro ordenó que se cerraran todas las tiendas web en una fecha determinada como consecuencia de la votación. El gobierno estaba reaccionando ante esas circunstancias complejas y al resultado claro del referéndum. En mi manual, no existía un plan B. Nunca había imaginado un escenario en el que perdiéramos la elección. Casi entré en pánico porque no sabía qué hacer a continuación. Era una sensación nueva para mí y no me gustaba en absoluto.

En el punto máximo de mis pensamientos de «¿qué voy a hacer ahora?», sonó mi teléfono. Era uno de los otros dueños de tiendas web. Era el único de los cinco que había pensado que la campaña por el sí podía fracasar. Todos habíamos minimizado sus temores y le habíamos dicho que no tenía nada de qué preocuparse. Por suerte para mí, él no nos hizo caso. Había trabajado con su abogado en distintos planes de contingencia por si el voto no fallaba a nuestro favor. Uno de esos planes contemplaba un pedido de cierre por parte del gobierno. Me contó cuál era su estrategia y recé para que funcionara.

Al día siguiente, el abogado de mi competidor presentó una medida cautelar contra la orden de cierre del gobierno. El argumento era que los referéndums en las Bahamas solo aplican sobre cuestiones constitucionales. El juego y las tiendas web no forman parte de la Constitución bahameña, por lo que la votación no era más que una encuesta de opinión. Además, la redacción de la boleta no hacía ninguna referencia a la existencia de las tiendas web. La pregunta decía: «¿Apoya la regulación y la tributación de la industria del juego?» En esa frase, no había nada que se relacionara con cerrar negocios ni de declarar ilegal a la industria del juego.

El juez concedió la medida cautelar y dictaminó que la votación había sido inválida desde el inicio. Señaló que el gobierno había estado recaudando impuestos sobre ingresos y había emitido licencias comerciales para la industria. Las autoridades eran plenamente conscientes de la naturaleza de las actividades de las tiendas web. Al actuar de ese modo, el gobierno había creado expectativas legítimas y, posiblemente, había reconocido la legitimidad del sector. Como no existía ninguna ley que prohibiera su funcionamiento, el juez concluyó que el gobierno había actuado de manera indebida al intentar cerrarlo. Aquello fue un enorme alivio tanto para mí como para mis competidores. Sabía que el fallo del juez no quedaría sin respuesta por parte del gobierno. Habría nuevos desarrollos que la industria del juego tendría que afrontar.

Island Luck volvió a abrir al día siguiente de la medida cautelar y retomó sus operaciones donde las había dejado. No volvió a hablarse de regulaciones ni de impuestos adicionales hasta finales de 2013. De manera inesperada, el primer ministro anunció que pondría fin al tema de la regulación del juego definitivamente. Prometió que, antes de que terminara el año, implementaría un plan integral que preservaría la integridad de la industria del juego y ampliaría la base impositiva. A mí me preocupaba más la reputación del país en materia de juego que el nivel de los impuestos. Las Bahamas contaban con una legislación sólida en torno al juego en los casinos, lo que nos había convertido en una jurisdicción respetada para las apuestas. No quería que ese legado se desvaneciera en lo que respecta al juego en tiendas web.

A medida que el gobierno fue definiendo sus planes, no puedo decir que me sintiera decepcionado. Descubrimos que habría un proceso de licencias y que ninguna empresa quedaría automáticamente habilitada. Eso significaba que todos los actores de la industria tendríamos que atravesar el mismo proceso de evaluación y escrutinio para obtener una licencia nueva. Estaba a favor de esa mayor transparencia. Eso ayudaría enormemente a reconstruir la confianza del público en la regulación de la industria después del fracaso del referéndum.

Otro punto que generaba preocupación en el sector era la tributación. Hubo varias idas y vueltas con el ministro de finanzas sobre ese tema. Finalmente, llegamos a un acuerdo: se nos cobrarían impuestos retroactivos a las tasas normales del impuesto corporativo correspondientes a los últimos cinco años. A partir de ahí, la industria pasaría a tributar a una tasa equitativa, más acorde con la forma en que el sector del juego era gravado en otros países. No podría haber esperado un resultado más equitativo que ese.

Completé el proceso de solicitud e Island Luck recibió su licencia el 15 de octubre de 2015. Otras siete empresas también obtuvieron sus licencias. Ese fue un día histórico en mi vida. Había ayudado a crear un negocio de la nada, uno que dio origen a toda una industria en las Bahamas. Esa industria ahora estaba legalmente reconocida y era una parte formal de la economía bahameña. Pude entender que trabajar junto a mis competidores había sido el mejor camino para lograr ese resultado. Piensa en seis personas compitiendo entre sí por un ascenso. Para alcanzar un objetivo en común, cada una tendría que dejar de lado sus intereses individuales. Nuestra unión de propietarios de tiendas web tuvo que hacer exactamente eso. No siempre nos llevábamos como mejores amigos, pero logramos lo que nos propusimos.

El día en que recibimos las licencias fue tan significativo para mí que le escribí esta carta al primer ministro sobre lo que todo el proceso había representado:

15 de octubre de 2015

Estimado honorable primer ministro Christie:

Hoy se me otorgó una licencia para operar una casa de apuestas y, si bien me siento feliz y agradecido, también siento que este día marca un nuevo capítulo en la historia de las Bahamas. Un día en el que un bahameño puede dar un paso más hacia la igualdad y el empoderamiento económico, un paso más hacia un trato equitativo, oportunidades equitativas y perspectivas honestas de éxito duradero y sostenible.

Quiero unas Bahamas que me ofrezcan igualdad, acceso y derecho de propiedad en todos los ámbitos. Mi derecho como bahameño no debería depender de las opiniones de otros, sino de los principios básicos de la democracia y la igualdad. Hoy me tomé el tiempo de reflexionar sobre las palabras que una vez me dijo sobre querer que los jóvenes bahameños sean dueños, revolucionen y crean industrias sostenibles y locales, al mismo tiempo que asuman un mayor poder económico y transformen el paradigma de este país.

Aunque muchos aún no comprendan la verdadera magnitud de la aprobación de la ley de juego, sentirán sus efectos positivos. Sentirán sus beneficios económicos y la confianza restaurada en la capacidad de cada bahameño de gobernar, ser dueño y operar empresas exitosas aquí, en nuestras Bahamas.

Quiero felicitarlo personalmente no solo por haber tenido la voluntad política de regular esta industria, sino también por la visión de reconocer la necesidad de crear una nueva generación de líderes económicos en nuestro querido país. Me comprometo personalmente a garantizar que la oportunidad que usted me brindó sea utilizada para continuar con su trabajo y seguir ampliando las oportunidades para que otros también se beneficien. No seguiré el camino de aquellos pocos afortunados que alcanzaron el éxito en este país y luego se unieron al «clan de los guardianes del acceso», y que parecen haber olvidado de pasar el «testigo de la oportunidad» para darles a otros una posibilidad.

Sé que tiene el trabajo más difícil del mundo y que muchas personas dudan de usted a diario, pero como bien sabe, no existe una decisión que deje a todos satisfechos, así que haga lo mejor que pueda, actúe con rapidez y determinación y, sobre todo, sepa que siempre contará con mi apoyo.

Gracias por creer verdaderamente en los bahameños.

Atentamente,

Sebastian Bastian

Sentí una sincera gratitud por este enfoque de liderazgo basado en principios. El primer ministro podría haber actuado de otra manera, pero eligió hacerlo según los intereses del país. Eso representaba el tipo de gobernanza reflexiva que respetaba.

Con nuestras licencias nuevas, las tiendas web reanudaron sus operaciones bajo el nuevo marco regulatorio. Esto supuso la implementación de nuevos requisitos de presentación de informes, la expansión del departamento de cumplimiento, la necesidad de consejos independientes nuevos, una carga administrativa mayor y la incorporación de más personal. Si bien nuestras operaciones generales seguían siendo similares a las de antes, ahora se exigían numerosas certificaciones para las plataformas y los juegos, lo que aportó una enorme transparencia e integridad para la experiencia de juego. Considerábamos estos estándares como una mejora importante para la industria. Mientras nos mantuviéramos dentro de las normativas, aprobáramos todos los requisitos de las auditorías y ofreciéramos un servicio al cliente de excelencia, el futuro parecía prometedor.

El Banco de las Bahamas y su equipo directivo adoptaron un enfoque proactivo. La institución se familiarizó con la nueva Ley de Juego y sus regulaciones, mientras trabajó junto a los bancos correspondientes para hacer lo mismo. La gestión de riesgos y cumplimiento se volvió más eficiente, ya que se construyó sobre las condiciones reales de una industria regulada en lugar de suposiciones. Con un socio en el sector financiero, la industria construyó una base de confianza que empleados, clientes y operadores adoptaron plenamente.

Uno de los desafíos inesperados surgió desde otras instituciones del sistema bancario. A pesar de tener las licencias y operar dentro del marco de la nueva legislación, algunas entidades financieras se negaban a hacer negocios con nosotros. Alegaban restricciones internas de cumplimiento relacionadas con el juego, a pesar de que ahora éramos una industria formalmente regulada. Lo que más me sorprendió fue hasta dónde llegaron algunas de esas restricciones. No solo excluían al negocio del juego. En algunos casos, también se negaban a trabajar con empresas vinculadas con nosotros, incluso cuando esas actividades no tenían nada que ver con el juego.

Viví esto en primera persona cuando comencé a planificar mi próximo gran proyecto: Venetian West, una comunidad cerrada de 211 unidades de condominios y casas adosadas, ubicada en el prestigioso corredor oeste de Nueva Providencia. Estaba diseñada para jóvenes profesionales con ingresos estables, pero que quedaban excluidos de los barrios más exclusivos. Venetian West buscaba ofrecer acceso sin resignar calidad: una experiencia de vida elevada a un precio realista.

La idea no les gustó a todos.

Surgió una resistencia silenciosa por parte de algunas personas de comunidades vecinas, que temían que un precio más accesible atrajera a un perfil demográfico con el que no se sentían cómodos. Eso motivó aún más mi determinación por completar el proyecto. No estaba construyendo viviendas. Estaba construyendo dignidad, oportunidades y un lugar del que las personas pudieran sentirse orgullosas. Quería hacerlo mejor, más rápido y con un nivel de calidad que no se solía ver en viviendas de ese rango de precios.

Para asegurarme de encontrar el equilibrio justo entre asequibilidad y rentabilidad, desarrollé una teoría de precios. Me reuní con unos veinte oficiales de crédito de distintos bancos comerciales para formularles una sola pregunta: «¿Cuál es hoy el pago mensual promedio de hipoteca para el que califican sus clientes?» El consenso fue de entre 1 800 y 2 750 dólares bahameños. Tomé esas cifras y las amorticé sobre la hipoteca residencial típica de 20 años. Así, llegamos a un rango de precio de venta objetivo de entre 250 000 y 450 000 dólares bahameños.

Con esos números en mente, volví al tablero. Ajusté el presupuesto y confirmé que podíamos ofrecer un producto de calidad, con buenos márgenes, dentro de ese rango de precios. Una vez que los números cerraron, la visión fue clara: era momento de construir. Tenía el equipo, el diseño y el conocimiento del mercado. Lo único que faltaba era el financiamiento. Cuando me acerqué a los bancos, me di cuenta rápido de que las mismas barreras que habíamos enfrentado en la industria del juego ahora aparecían en el sector inmobiliario. Las puertas financieras seguían cerradas.

En lugar de dejar que la falta de financiamiento nos detuviera, decidí cambiar de estrategia.

Conseguimos financiamiento privado para construir el proyecto y evitamos por completo a los prestamistas tradicionales. Luego, creamos nuestro propio modelo de financiamiento de viviendas en alquiler con opción de compra, específicamente para los compradores. Esto no solo resolvió nuestra brecha de financiamiento, sino que creó un proceso de compra de viviendas mucho más asequible y eficiente para los bahameños. Como no estábamos limitados por la burocracia de los bancos tradicionales, podíamos avanzar con mayor rapidez. Los residentes podían firmar un contrato de alquiler con opción de compra y mudarse a su nuevo hogar en apenas tres días. Dada la cantidad de viviendas que planeábamos desarrollar, fui un paso más adelante. Lanzamos nuestra propia empresa de seguros y creamos una solución integral para los residentes de Venetian West. Cuando un comprador firmaba su hipoteca, podía contratar el seguro de su vivienda en el mismo momento. Ese nivel de rapidez y simplicidad era algo inédito en el mercado inmobiliario bahameño.

La lección es clara: los desafíos no siempre cierran puertas. Muchas veces, los obstáculos abren nuevos caminos. Cuando los sistemas tradicionales te excluyen, a veces la mejor respuesta es crear un sistema nuevo. Lo que comenzó como un bloqueo financiero se convirtió en una unidad de negocio sostenible que, hasta el día de hoy, sigue beneficiando a docenas de familias. El éxito no siempre consiste en evitar los obstáculos. Se trata de cómo respondemos a ellos y las soluciones que creamos cuando el camino tradicional deja de ser una opción.

En el plazo de tres años desde el inicio de la obra, habíamos construido y vendido las 211 unidades de Venetian West. En ese mismo período, había creado un ecosistema de desarrollo inmobiliario autosustentable. Nada de eso habría sido posible si esos desafíos empresariales no se hubieran presentado en mi camino. La experiencia me enseñó que los obstáculos muchas veces suelen conducirnos a soluciones mejores que las que uno imagina al principio. No solo logramos que todo ese dinero permaneciera dentro de la economía bahameña, sino que también facilitamos el acceso a viviendas que las personas realmente merecían.

Para cuando Venetian West estuvo terminado, ya estaba en marcha un nuevo ciclo electoral. Surgió un nuevo partido opositor con el eslogan «Es el momento de las personas» y su mensaje claramente resonó. Llegaron al poder con una mayoría parlamentaria contundente, lo que les permitió gobernar sin resistencia durante los siguientes cinco años. Observé la transición con un optimismo cauteloso. Esperaba que ese cambio se reflejara en progreso para todos los bahameños.

Las regulaciones de la industria del juego habían funcionado bien durante los años anteriores. Hasta donde sabía, ningún operador había sido encontrado incumpliendo las normas. Todos estábamos pagando nuestros impuestos y el sector había madurado lo suficiente como para enfocarse en la innovación, el crecimiento y la satisfacción del cliente. Con Venetian West ya consolidado, me sentía lo bastante cómodo con el rumbo de las cosas como para empezar a preguntarme: «¿Qué sigue ahora?».

Eso fue hasta que recibí la llamada de un amigo. Me comentó que había escuchado rumores de que el gobierno estaba considerando implementar un impuesto del 50 % sobre los ingresos de la industria de las tiendas web. Me reí. Un impuesto de ese nivel era impensable. Ningún negocio legítimo podría sobrevivir a esa carga impositiva. Tenía que tratarse de un malentendido o un comentario exagerado sacado fuera de contexto.

Cuando escuché lo mismo por parte de una segunda fuente, totalmente ajena a la primera, me di cuenta de que debía tomarlo en serio. Me comuniqué con los canales gubernamentales correspondientes para obtener aclaraciones. La respuesta confirmó que se estaba evaluando una restructuración impositiva y el tema estaba pendiente de consideración por parte del gabinete. También me aseguraron de que, si implementaban cambios significativos, el gobierno se reuniría con los operadores con licencia.

Poco tiempo después, la industria fue formalmente convocada. Presentamos documentación, intercambiamos información y participamos en conversaciones de buena fe. El gobierno comunicó su decisión de aumentar la tasa impositiva del 11 % al 15 %, un incremento del 36 %. Si bien era un aumento considerable, lo consideramos controlable y competitivo a nivel internacional.

Con ese tema resuelto, volví a concentrarme en otro proyecto en el que había estado trabajando en silencio. Durante cuatro meses, había estado desarrollando Eyewitness News, una plataforma de noticias en tiempo real y completamente digital, diseñada para responder a las demandas modernas del público bahameño. La idea surgió a partir de una brecha clara que identifiqué en el mercado. No existía una marca de noticias confiable, coherente y adaptada a dispositivos móviles que ofreciera cobertura oportuna, independiente y con estándares profesionales.

Eyewitness News nació para cubrir esa necesidad, por medio de la combinación de la tecnología, un periodismo riguroso y un compromiso con la transparencia. Tomamos como referencia el contenido y la producción de medios como la BBC y CNN, pero con una voz y una perspectiva bahameña. Durante cuatro meses, casi todos los días, los equipos salían a cubrir las noticias de la jornada. Como un reloj, regresaban a la estación y transmitían a las 7:30 p. m. Cada noche, me sentaba a ver el noticiero completo y revisaba cada detalle mientras trabajábamos para perfeccionar el formato. Una noche, a comienzos de mayo de 2018, me senté a ver la última transmisión de prueba y pensé: *Esto es. Estamos listos.*

Llamé al director general y le dije que saldríamos al aire al día siguiente. El próximo día, transmitimos en vivo para todo el país. En cuestión de semanas, Eyewitness News se convirtió en la fuente de noticias más confiable de las Bahamas. He trabajado con muchos equipos extraordinarios, pero pocos momentos me hicieron sentir tan orgulloso como ver a ese equipo periodístico materializar una visión. El informe de noticias preciso y en tiempo real, producido con estándares de nivel mundial y hecho 100 % en las Bahamas.

El debate del presupuesto nacional estaba previsto para el 30 de mayo de 2018. Esa mañana, recibí una llamada: «Enciende la televisión».

Durante la presentación del ministro de finanzas, el gobierno anunció una nueva estructura impositiva de escala móvil para la industria del juego, que iba del 20 % al 50 %. Island Luck, el mayor operador del país, quedaba ubicado en el nivel más alto, con una tasa del 50 %. Para algunos, parecía que ese había sido el plan desde el principio. La propuesta fiscal representaba un claro alejamiento del acuerdo del 15 % que habíamos cerrado con el gobierno. Contradecía la estructura que habíamos negociado de buena fe. Aún más importante para mí, ignoraba por completo el proceso de consulta con la industria en el que habíamos participado.

El gobierno también propuso un impuesto directo al jugador, que gravaría a los clientes al momento de apostar. Eso era preocupante. Advertimos que una medida así podía hacer que los jugadores volvieran al mercado sin regulaciones.

Los años de progreso en la construcción de una industria transparente, regulada y responsable corrían el riesgo de desvanecerse de la noche a la mañana.

Como respuesta, la industria presentó acciones legales. Las organizaciones de la sociedad civil rechazaron un aumento generalizado del IVA, que había aumentado del 7 % al 12 %. El tribunal falló a nuestro favor y suspendió la implementación del impuesto al juego hasta que se resolvieran todas las cuestiones legales. Después de casi seis meses de diálogo y procedimientos judiciales, el gobierno presentó un nuevo marco impositivo. La industria del juego pasaría a tributar según una escala móvil que iba del 15 % al 17,5 %, lo que quedaría establecido por ley.

Estaba convencido de que eso por fin pondría fin al conflicto. Además, había cumplido con una promesa que hice en la campaña del referéndum de «¡Vote por sí!». Prometí darles a los bahameños la oportunidad de ser propietarios de acciones dentro de la industria del juego. Así nació Titan Fund. Se trata de un fondo de inversión de bajo umbral de entrada que permite a los bahameños beneficiarse del éxito de nuestra industria. Más de 1 100 inversores bahameños se sumaron y hoy pueden decir que poseen una parte de un sector que durante años estuvo controlado exclusivamente por intereses extranjeros. Titan Fund representó una expresión concreta de la democracia económica en acción.

Uno podría argumentar que, en el mundo de la política, nunca existió verdadera falta de reconocimiento. Ambas administraciones, en momentos diferentes y con acceso a los mismos hechos, entendieron que esa industria debía regularse. Sin embargo, en lugar de tomar una decisión, ambos optaron por ir a lo seguro. Utilizaron una votación como escudo político. Desde un punto de vista estratégico, eso pudo haber parecido prudente. Si ampliamos la mirada sobre ese enfoque, se vuelve evidente que el progreso muchas veces se detiene no por la oposición, sino por la vacilación. A veces, se necesita un poco de coraje para hacer aquello que uno ya sabe que es correcto.

No quiero decir que haya sido una decisión fácil para ninguno de los líderes. Los costos políticos eran reales. La presión religiosa iba en aumento. Las apariencias eran complejas. Sin embargo, en ese momento, el liderazgo muestra su verdadero peso: cuando la decisión correcta no es la más sencilla, ni la más popular ni la más conveniente.

El primer ministro Christie finalmente decidió regular. Fue una decisión difícil, pero una que debía haberse tomado hace años. No fue la decisión en sí lo que lo perjudicó políticamente. Fue la demora en tomarla. Tal vez esperar mucho tiempo para ser decisivo le costó credibilidad en un momento en el que el país necesitaba un liderazgo firme.

Eso es lo que tiene el liderazgo. No siempre se trata de ser el primero en actuar. A veces, se trata de dar un paso al frente cuando las apuestas son altas y el momento no es el mejor. Se trata de estar dispuesto a absorber el impacto que conlleva tomar una decisión necesaria. Esa lección no es exclusiva de los políticos. Es para los emprendedores que deben reinventarse en medio de una crisis, los directores ejecutivos frente a una sala llena de escépticos, los activistas dispuestos a quedarse solos, los pastores que dicen verdades difíciles, o personas comunes que, de pronto, se descubren ejerciendo influencia. Cuando la decisión correcta es clara, incluso si no es la más popular, aquellos que se inclinen a ella son quienes definen el futuro, no solo reaccionan ante él.

Al mirar hacia atrás, el terreno legal incierto que atravesamos, al punto de perder el referéndum, las horas interminables en los tribunales y los debates de políticas cambiantes, queda claro que esta historia nunca se trató de regulación. El camino hacia la regulación fue, en realidad, una lección sobre lo que implica construir algo auténtico en un país que todavía está aprendiendo qué significa compartir el poder, la propiedad y las oportunidades.

La industria del juego me enseñó una verdad que aún hoy me acompaña: hacer lo correcto no garantiza aplausos. A veces, genera resistencia. Otras veces, invita a interpretaciones erróneas. Otras veces, nos hace retroceder unos pasos. Si los motivos son claros y tu visión se apoya en algo más profundo que el beneficio económico, entonces perseveras.

No podemos elegir cómo nos juzgará la historia. Solo podemos elegir cómo nos comportamos en los momentos que importan. Aprendí que el liderazgo no tiene que ver con la perfección. Tiene que ver con actuar con principios, incluso cuando resulta incómodo, y mantenerse firme cuando cambia la opinión pública.

Si este capítulo me enseñó algo, es lo siguiente: el progreso no es inevitable solo porque algo sea correcto. Solo ocurre cuando las personas están dispuestas a atravesar la incomodidad para hacerlo realidad. Aunque no gané todas las votaciones, me llevé algo igual de valioso: claridad.

Claridad sobre quién soy.

Claridad sobre lo que defiendo.

Claridad sobre el tipo de país que quiero ayudar a construir.

No puedo evitar pensar que quizás los caminos que se nos presentan son más difíciles porque los llamados que atravesamos son más grandes.

Justo cuando el polvo de las demandas comenzaba a asentarse, mi teléfono volvió a sonar, esta vez con una llamada que no esperaba. Desde la oficina del primer ministro querían ofrecerme el cargo de embajador en Sudáfrica, un puesto que, según dijeron, reflejaba tanto mi experiencia empresarial como mi potencial para desempeñar un rol diplomático capaz de fortalecer las relaciones entre nuestras naciones. Siempre fui un nacionalista de corazón y la decisión de aceptar fue sencilla.

No mucho tiempo después de aceptar el cargo, otro proceso electoral volvió a cambiar el escenario político. El partido gobernante perdió y el PLP asumió el poder. Mantuve mi cargo a pesar del cambio en liderazgo. Me renombraron como embajador no residente de las Bahamas en América Central, un nuevo capítulo diplomático, sostenido por el mismo compromiso de representar a mi país en el exterior.

Emprendedor, desarrollador, embajador... ¿y ahora qué sigue? Estaba ansioso por descubrirlo.

CAPÍTULO 10

CÓMO CONVERTIRSE EN UN LEÓN: CÓMO LIDIAR CON LO OPUESTO AL ÉXITO

En tu negocio, a veces, las cosas no van a salir como lo planeas. Esas desagracias pueden tener o no que ver contigo. Los problemas de gobernanza que tuve con Island Luck no fueron consecuencias de una mala planificación de mi parte ni de algo que haya pasado por alto. Ese tipo de situaciones te van a ocurrir. Un proveedor o un empleado clave no cumplirán con lo prometido. La competencia entrará en tu mercado y causará estragos con tus planes cuidadosamente elaborados. En esas situaciones, hay poco que puedas hacer más que intentar comprender las fuerzas externas que presionan tu modelo de negocio y adaptarse en consecuencia.

Habrá otras veces en las que las cosas no salgan como esperabas por responsabilidad tuya. Lamentablemente, vas a tomar una mala decisión, operar bajo una premisa falsa o simplemente pasar algo por alto. El estrés y la fatiga propios de iniciar un negocio aumentan las probabilidades de que te conviertas en el punto crítico de falla a casi un 100 %. Lo digo por mi experiencia. Hubo muchas ocasiones en las que no estuve a la altura. La cuestión con el fracaso es la siguiente: no alcanzar tus objetivos se mide por niveles. Solo pierdes si fracasas tan seguido y de manera tan espectacular que te ves obligado a cerrar tu negocio. Eso no va a pasar, porque voy a enseñarte cómo no fracasar.

Rara vez los negocios con buenos planes se desmoronan sin motivos previsibles. En este capítulo, te voy a dar algunos consejos para identificar los puntos de tensión en tus negocios antes de que todo llegue al punto de no retorno. Analizaremos qué hacer para dar el giro cuando el panorama se vuelve desalentador. En muchos casos, esos momentos representan mejores oportunidades para que tu negocio evolucione hacia algo mejor de lo que habías planeado en un comienzo.

Fracasar temprano

Un hombre entra al consultorio del médico y dice: «Doctor, tengo un dolor en el costado cuando me río».

El médico responde: «Sé exactamente qué hacer».

«Doctor, dígame. Este dolor me está matando», dice el hombre.

«Es simple. No se ría», responde el médico.

Esa historia absurda es más antigua que tú y yo, pero sirve muy bien para ilustrar el concepto de fracasar temprano. Fracasar temprano implica controlar con frecuencia los indicadores clave de desempeño (KPI) de tu negocio y tomar decisiones basadas en datos de lo que esos KPI te están diciendo. Los KPI son métricas medibles que muestran qué tan bien está funcionando tu negocio. El KPI más importante y conocido para cualquier empresa es la rentabilidad. Esa es la diferencia entre los ingresos y los gastos de un negocio. Si tus gastos son mayores que los ingresos, tienes un problema.

Fracasar temprano también significa actuar con rapidez cuando algo no está funcionando bien. Los datos te indican que debes aumentar los ingresos o reducir los costos para mantener la rentabilidad. Sé que esto puede sonar muy básico, pero hablo constantemente con jóvenes emprendedores que no saben decirme si su negocio es rentable. En ese punto, soy el médico que les dice que no se rían.

Te recomiendo armar una lista de no más de 10 KPI para controlar semanalmente cuando comiences tu negocio. No todos los KPI son relevantes para todos los negocios. Si eres fotógrafo de bodas, por ejemplo, la rotación de inventario no será un indicador muy útil, ya que tu negocio está orientado principalmente a servicios. Si no estás seguro de qué KPI aplica a tu empresa, haz una búsqueda en internet o pregúntale a tu programa de IA favorito cuáles son los KPI más relevantes. Como mínimo, deberías controlar las ventas, los gastos, el margen de ganancia y el flujo de efectivo.

Luego, desarrolla herramientas para controlar los KPI que apliquen a tu negocio. El software de contabilidad suele incluir herramientas de inteligencia empresarial que generan automáticamente estos indicadores. Tableau es un excelente software de inteligencia empresarial que te ayudará a gestionar e interpretar los datos de tu negocio. Sea cual fuere la plataforma que utilices para controlar tus KPI, recuerda que si le mientes a una hoja de cálculo, esta les mentirá de vuelta. No te haces ningún favor si falsificas los números. Tengo una hoja de cálculo que desarrollé hace unos años que me ayuda a evaluar los proyectos inmobiliarios y determinar su viabilidad. Si sobreestimo de manera consciente los precios de venta o subestimo las tasas de interés o los costos de construcción, el proyecto puede parecer atractivo, pero quizás no sea exitoso.

La última parte de fracasar temprano es la más importante: hacer algo al respecto. Piensa en los datos como el médico del ejemplo anterior. Los datos cuentan una historia si estás dispuesto a escucharla. Por ejemplo, tienes un cliente que pagará una factura importante el último día del mes. Tu alquiler vence el día 20 y no tendrás los fondos para pagarlo hasta que cobres esa factura. Necesitas un plan para pagar el alquiler en cuanto el dinero esté disponible. La esperanza no es un plan, así que rezar para que el cliente pague antes no es una opción. Un plan podría ser contactar al cliente y ofrecerle un descuento del 3 %

de la factura si paga antes. Otro plan sería preguntarle al propietario si puedes pagar con unos días de retraso.

El riesgo de dejar sin resolver un pequeño problema de flujo de efectivo, como el momento del pago del alquiler, es que puede desencadenar fallas en cascada. *Las fallas en cascada* se refieren a una serie de errores interconectados dentro de un negocio. El incumplimiento de un KPI puede provocar el fallo de otros componentes de tu negocio, lo que genera un efecto dominó de alteraciones. Estas fallas suelen propagarse con rapidez y de manera impredecible, lo que amplifica el problema inicial y causa daños generalizados en tu empresa. Volvamos al problema del flujo de efectivo y el alquiler. Supongamos que no detectaste ese problema. Ese fallo en el KPI de flujo de efectivo podría darle al propietario un motivo para no renovarte el alquiler dentro de seis meses. Tal vez no adviertas que esa consecuencia es resultado de haber ignorado tus KPI hasta seis meses después, cuando te veas obligado a buscar un nuevo local. Eso provocará una alteración en tu negocio, gastos de mudanza y otras consecuencias imprevistas en tus operaciones.

Cómo fracasar y dar un giro

¿Cómo puede alguien ignorar los KPI cuando los datos están justo frente a sus ojos? Las empresas fracasan a diario porque sus dueños quedan cegados por la pasión que sienten por su negocio. Puedes ser el emprendedor más entusiasta del mundo y poner cada gota de tu energía en tu emprendimiento. Deberías hacer eso, pero recuerda que la pasión no paga las cuentas. Muchos dueños de negocios creen que su pasión es la fórmula secreta para la rentabilidad y sus buenas vibras, tarde o temprano, harán que todo funcione. Eso puede pasar, pero entra dentro de la categoría de «la esperanza no es un plan». Analiza por qué tus KPI no están alineados con tus expectativas y coloca la atención en el análisis de datos. Ignorar los números significa dejar que las emociones controlen las decisiones del negocio. Cuando la emoción manda, puedo casi garantizarte que tu negocio va a tambalear. Lo sé porque mi pasión por un proyecto estuvo a punto de dejarme ciego frente a la realidad que mostraban los KPI.

Como mencioné en el capítulo anterior, los bienes manufacturados pueden ser costosos de conseguir en el Caribe. Todo lo que llega a la isla tiene que enviarse desde otro lugar. Eso no significa que haya escasez de productos, pero sí que la variedad de ciertos artículos puede ser limitada. Supongamos que quieres un iPhone nuevo. Hay muchísimos modelos recientes del iPhone disponibles a la venta en las Bahamas. Sin embargo, encontrarás problemas de abastecimiento si buscas un iPhone 15 de 1 TB de color azul sierra. En ese caso, probablemente deberías esperar una o dos semanas a que llegue desde los Estados Unidos o Canadá. Cuanto más específicas sean las características de un producto terminado, menos probable es que una tienda local lo tenga en stock. No puedo culparlas. ¿Por qué invertir en un inventario especializado que *tienes las esperanzas* de vender?

Detecté una brecha importante en el mercado: ofrecer una amplia variedad de productos a los residentes del Caribe y América Central. Mi objetivo era construir un servicio capaz de cubrir esas necesidades a una escala que la región aún no había experimentado. Quería llevar productos de calidad y a precios asequibles a las personas de mi región. No existía un servicio como Amazon que reuniera a miles de vendedores para ofrecer una gama completa de productos en estas áreas geográficas. Si Amazon funciona principalmente como un centro de almacenamiento y distribución para consumidores, ¿por qué no podía hacer algo similar para el Caribe y América Central? Antes de lanzarme de lleno al proyecto, apliqué las cuatro preguntas que analizamos en el capítulo 2.

- **¿Qué problema intento resolver?** Proveer una amplia variedad de productos asequibles al Caribe y América Central, con tiempos de envíos que compitan con los de Amazon.
- **¿Existe una demanda para mi producto o servicio?** Sí, el pedido por correo en el Caribe y América Central es un negocio activo. No

existía un portal en línea que funcionara como una tienda integral para múltiples productos con entrega en estas regiones.

- **¿Quiénes serán mis clientes?** Cualquiera dentro del mercado potencial de 40 millones de personas en el área de servicio.[4]
- **¿Cómo determino el precio que el mercado aceptará para mi producto o servicio?** Eso depende...

La última pregunta solo podía responderse después de sacar algunas cuentas y recopilar algunos datos. Los residentes del Caribe y de América Central ya estaban acostumbrados a pagar costos de envío además de precios de productos levemente inflados. Esos costos eran relativamente fáciles de descomponer mediante ingeniería inversa. Mi verdadero desafío era determinar si podía crear un sistema que ofreciera un mejor valor al consumidor sin sacrificar la rentabilidad constante.

Crear un sitio web con una amplia variedad de artículos, al estilo Amazon, no era el problema. Contaba con el talento en IT para crear la infraestructura digital. Incluso cerrar acuerdos con fabricantes interesados en vender sus productos en una plataforma orientada al Caribe y a América Central parecía factible. ¿Qué fabricantes principales no querrían que los consumidores tuvieran un acceso más fácil y confiable a sus productos? El factor que no lograba descifrar del todo era la logística.

El Caribe y América Central presentan desafíos únicos en términos de envío y logística. La zona de cobertura abarca 300 000 millas cuadradas y más de 20 países distintos. Además de lidiar con más de 20 sistemas diferentes de regulaciones aduaneras, había que navegar más de 20 sistemas postales y convenciones de direcciones diferentes, si es que había direcciones consistentes. Gran parte de América Central está subdesarrollada y la asignación de direcciones no siempre es una prioridad. Incluso si lográbamos llevar los productos hasta los consumidores, no eran lugares donde se pudiera dejar un paquete tranquilamente en la puerta de una casa.

El tiempo y el dinero necesarios para crear una infraestructura logística desde cero convertían al proyecto en algo no viable. No siempre es necesario crear un sistema desde cero para alcanzar los objetivos. Ya existía una empresa de envíos, Aeropost, que operaba en el Caribe y América Central. Habían resuelto todos los problemas logísticos que a mí me hubiesen llevado años de prueba y error para imitar de manera exitosa. Sin embargo, dada la magnitud de mi visión, utilizar Aeropost solo como proveedor de envíos no iba a ser suficiente. Necesitaba ampliar sus operaciones para que se adaptaran a mi visión, así que compré la empresa.

Tenía todas las piezas en su lugar y, en menos de dos años, mi idea de crear un «Amazon en el Caribe y América Central» estaba en marcha. Hubo docenas de obstáculos, como integrar la infraestructura digital de 20 años de Aeropost con una plataforma de ventas moderna, pero pudimos resolver todos esos desafíos. Invertí dinero en marketing para que nuestros 40 millones de clientes potenciales supieran que estábamos operando. Después, me senté a esperar a que los pedidos empezaran a llegar.

Excepto que los pedidos no llegaron al ritmo que había previsto. Estábamos gastando dinero cada trimestre y no parecía que la situación fuera a mejorar en el corto plazo. No lo entendía. Mi visión era sólida. Estaba comprometido al 1 000 % con el éxito del negocio. Mi plan era sólido. Las proyecciones eran realistas y los números cerraban. Entonces, ¿por qué no funcionaba?

Volví al punto de partida. Revisé nuevamente las cuatro preguntas para asegurarme de no haber construido la empresa sobre una premisa equivocada. Las cuatro preguntas seguían siendo válidas. Luego, volví a analizar los KPI del proyecto completo. El sitio web del mercado de comercio electrónico era el que estaba perdiendo dinero. El componente logístico de Aeropost, por sí mismo, era rentable. Si hubiese dejado que mi pasión siguiera nublando mi capacidad de analizar los datos, hubiese perdido mucho más dinero. Si hubiese pensado, *«Démosle un par de años más, ya va a repuntar»*, el desenlace para todos mis negocios hubiese sido desastroso. En cambio, dejé los sentimientos de lado y me apoyé en los datos.

Las cifras mostraban que nuestra base de clientes seguía comprando productos a fabricantes y comercios de América del Norte y del Sur. Lo sabía porque Aeropost continuaba enviando el mismo volumen desde los proveedores individuales de siempre. Si nadie estaba comprando artículos de mi Amazon del Caribe y América Central, quedaba claro que nuestros clientes no querían comprar de la misma manera que los consumidores de América del Norte y Europa. Los clientes del Caribe y América Central estaban conformes al encontrar lo que necesitaban en sitios individuales. La comodidad de tener opciones de compra en una plataforma no les resultaba atractiva. La decisión basada en datos golpeó mi orgullo, pero era necesaria. Cerré el mercado digital y me concentré en convertir a Aeropost en la mejor empresa de logística tecnológica del Caribe y América Central.

No hay vergüenza en iniciar un negocio a partir de buenos datos y premisas sólidas. Existe algo que los economistas denominan el *factor humano*, que ningún emprendedor puede prever por completo. El factor humano reconoce que las personas no siempre actuarán de manera racional ni en su propio beneficio. Eso significa que nunca se puede anticipar por completo el comportamiento del mercado. Lo mejor que puedes hacer es analizar los datos y reaccionar de manera adecuada y oportuna para tu negocio, sin importar cuánta pasión sientas por él.

En muchos casos, esa reacción adecuada y oportuna implica cambiar todo el plan de negocios. Nunca me propuse dirigir una empresa de logística de clase mundial y está claro que los envíos no eran mi verdadera pasión. Sin embargo, cuando descubres que un área de tu negocio es más rentable que otra, vale la pena explorar qué pasaría si te enfocas en ese sector más rentable. Deja tus emociones de lado cuando realices esta evaluación. Luego, decide si quieres dirigir un negocio que sea rentable o uno que te apasione, pero esté cargado de deudas.

Cómo fracasar y saber retirarse

El fracaso no siempre está vinculado con los KPI ni con una métrica empresarial específica. Podría ocurrir que te encuentres en una situación en la que un negocio simplemente no sea el adecuado para ti o no esté alineado con tus objetivos personales. Aprendí esto por las malas con un bar que abrí, llamado Big Shots. Abrí el club nocturno casi al mismo tiempo que empezaba a incursionar en el mercado inmobiliario y en los primeros días de Island Luck. Todavía estaba en mis veintes y la idea de ser dueño de un bar me resultaba atractiva. Todos mis amigos podían ir a pasar el rato mientras yo, técnicamente, estaba dirigiendo un negocio. Cuando uno está en la década de los 20, esa matemática tiene sentido.

No hago nada a medias y Big Shots se convirtió en el lugar de moda. Todos los deportes que puedas imaginar en pantallas gigantes, karaoke, mesas de pool, pista de baile y buena comida mantenían al bar lleno, con una clientela constante. Además, el negocio era rentable. Había tomado todo lo que aprendí trabajando en el bar de mi padre, Smiley's, y lo había mejorado. La operación funcionaba tan bien como cualquier otro bar o restaurante. En la industria de la hospitalidad, siempre hay algo que requiere la atención del dueño. Algún equipo que se rompe, inspecciones gubernamentales, personal poco confiable y clientes problemáticos me iban quitando tiempo día tras día.

Todos los lugares de moda pierden el brillo y, a los tres o cuatro años de la existencia del bar, el boliche que alguna vez estuvo al rojo vivo comenzó a enfriarse. Big Shots entró en esa etapa del ciclo de vida en la que mantenía una base de clientes habituales. Cuando un bar o un restaurante llegan al punto de ver las mismas caras noche tras noche, es momento de darle una mano de pintura fresca. Si un bar o un restaurante no logran evolucionar para atraer nuevos clientes, es muy probable que, con el tiempo, un negocio que fue rentable empiece a perder dinero.

Big Shots estaba lejos de perder dinero, pero estaba viendo claramente las señales de lo que podía llegar a pasar. Podría haber remodelado y revitalizado Big

Shots con un concepto nuevo que lo volviera a poner en el centro de la escena. El negocio había generado el dinero suficiente como para renovarlo y, desde el punto de vista financiero, era una decisión sólida. Aun así, seguir siendo el dueño de un bar ya no era una buena decisión para mí.

Pasaba demasiado tiempo apagando incendios en Big Shots. Me veía atrapado en un lugar donde tenía que resolver conflictos personales entre empleados, buscar reemplazos para ausencias de último momento y solucionar problemas con proveedores. El bar se estaba convirtiendo en una distracción frente a Island Luck y mis emprendimientos inmobiliarios. El término empresarial para lo que estaba enfrentando es *costo de oportunidad* o el costo de hacer una cosa en lugar de otra. Podría haber dedicado todo mi tiempo y energía a Big Shots, pero eso me hubiese costado las grandes oportunidades de crecimiento que tenía por delante en Island Luck y el negocio inmobiliario. Además, mis ganas de dirigir un club nocturno se habían enfriado tanto como el negocio en sí. Ya era un poco más grande y también mis amigos. Nuestras prioridades estaban cambiando. Era momento de poner a descansar a Big Shots. Cerré Big Shots y volqué toda mi energía en negocios más rentables.

Conclusión

Los negocios como Big Shots son peligrosos. Uno puede pasar años atrapado en un negocio que cumple con todos sus KPI y es rentable a nivel moderado, pero, en el proceso, pierdes tu recurso más valioso: el tiempo. El único KPI que pocos dueños de negocios tienen en cuenta es el valor real de su tiempo. Te desafío, como dueño nuevo de un negocio, a llevar un registro detallado de tu tiempo. Al final de cada mes, calcula cuánto estás ganando por hora.

Habrá períodos en los que el tiempo que inviertes en tu negocio será desproporcionado en relación con la cantidad de dinero que estás generando. Esa es una consecuencia inevitable de ser emprendedor. Sin embargo, si esos pocos dólares alimentan una falsa esperanza de que tu negocio tendrá éxito pronto, es momento de hacer algo diferente. Por eso es importante fracasar temprano. A veces, incluso resulta más compasivo que un negocio pierda dinero desde el principio que dejarlo avanzar durante años sostenido apenas por ganancias mínimas.

Te sugiero que vuelvas al primer paso para encontrar el negocio adecuado, del que hablé en el «Capítulo 2: Definir el éxito». Ahí deberías haber establecido los parámetros de lo que consideras una oportunidad empresarial exitosa. Es poco probable que esa definición del éxito coincida con la realidad el 100 % del tiempo, pero funciona como punto de referencia, en especial cuando surgen situaciones imprevistas. Retoma esa definición del éxito cada vez que realices una evaluación periódica de los KPI. Cada negocio y cada emprendedor atraviesa circunstancias distintas. Sé honesto al analizar los datos, pero, sobre todo, sé honesto contigo mismo.

En el próximo capítulo, llegaremos al momento de mi historia cuando comencé a escribir este libro. A lo largo de todos los negocios y todas las personas con las que trabajé, aprendí que ser auténtico es un elemento fundamental en cualquier negocio. ¿Qué estás atravesando? ¿Vale la pena las pruebas y los dolores de crear una empresa si no puedes ser tú mismo en el proceso? Verás cómo respondí esa pregunta en los últimos años y cómo descubrí que no puedo hacer todo por mi cuenta.

CAPÍTULO 11

LLEGAR A LOS CUARENTA Y REDEFINIR EL ÉXITO

A medida que el atardecer del 2019 empezaba a desvanecerse en el horizonte, repetí un ritual que había hecho durante años. Creé una lista de los logros del año anterior y establecí objetivos para el próximo año. Cuando estás metido de lleno en el día a día, es fácil olvidar lo lejos que llegaste en un año. Repasar mis logros me dio un momento para celebrar el progreso alcanzado. Establecer objetivos alimentó mi imaginación y me motivó a buscar el próximo nivel. En la vida, no puedes quedarte quieto. Estancarte es como nadar en un charco. Tarde o temprano, te das cuenta de que solo estás dando vueltas en círculos. Para mí, los charcos nunca fueron una opción. Siempre quise nadar en el océano. Siempre hay otro lugar al que ir y algo nuevo por descubrir.

En 2020, quería nadar en una dirección un poco distinta con Island Luck. Mi objetivo era dejar de enfocarnos únicamente en nuestras operaciones físicas y empezar a ofrecer más soluciones de autoservicio, además de ampliar nuestra oferta de productos y juegos en línea. Cuando inicié Island Luck hace 11 años, el acceso a internet no era algo habitual en las Bahamas. El modelo de cibercafé, que permitía a nuestros clientes conectarse para jugar, tenía sentido. Eso ya no era así. Un gran porcentaje de nuestros clientes llevaba internet en sus bolsillos. Si no empezaba a realizar cambios para ampliar la presencia digital y de autoservicio de Island Luck, tarde o temprano dejaríamos de ser una isla en el océano. Nos convertiríamos en una isla atrapada en un charco.

A comienzos de 2020, Island Luck contaba con 60 locales y más de 750 empleados en las Bahamas. Sabía que cambiar el enfoque hacia el juego virtual iba a afectar tanto nuestra presencia física como a nuestros empleados. En los últimos 11 años, había formado un equipo diverso que, con la oportunidad adecuada, podría crecer y asumir desafíos nuevos. Ayudaríamos a quienes estuvieran dispuestos a adaptarse, en todo lo que estuviera a nuestro alcance. No quería que ninguno de mis compañeros se quedara nadando en un charco.

Tenía un objetivo personal para 2020. En agosto, cumpliría 40 años. Era un hito que merecía celebrarse, aunque todavía no sabía cómo. No siempre necesitas tener un plan bien definido cuando te propones un objetivo. Los objetivos importantes suelen aparecer mucho antes de que descubras cómo vas a alcanzarlos. Por el momento, era suficiente con tener un punto al que llegar. Sabía que, a lo largo del año, habría algunos eventos a los que podría asistir con la «excusa» de mi cumpleaños. Uno de esos eventos era viajar a Miami para asistir al Super Bowl LIV. Siempre fui un gran fanático del fútbol americano y mi equipo favorito, San Francisco 49ers, iba a jugar contra Kansas City Chiefs. El viaje era todo lo que esperaba, con la excepción de que los 49ers perdieron.

Había otro aspecto del viaje a Miami que empezaba a preocuparme más. Desde distintos puntos del mundo, llegaban rumores inquietantes sobre el COVID-19. Mientras estaba en Miami, parecía que cada vez más ciudades empezaban a imponer confinamientos. Los aeropuertos de las zonas afectadas comenzaban a limitar o cancelar vuelos. Aun así, no me preocupaba no poder volver a casa, porque todo eso estaba ocurriendo en otro lugar. Los gobiernos de esos países contendrían el virus. Seguramente, a las Bahamas no les afectaría demasiado. En el peor de los casos, cerrarían las fronteras durante un par de semanas y la enfermedad seguiría su curso.

Cuando volví a casa, eso no ocurrió. Unas pocas semanas después del Super Bowl, el mundo estaba lleno de casos de COVID-19. El gobierno bahameño impuso un confinamiento estricto por dos semanas para detener la propagación del virus. Eso no fue como las cuarentenas que se vivieron en los Estados Unidos. Aquellas fueron más una sugerencia. En la Bahamas, cerró todo excepto las instalaciones médicas, tiendas de comestibles y estaciones de servicio. Durante unas pocas horas al mediodía, podías salir para comprar comida, insumos de ferretería u otros servicios esenciales. Por supuesto, también estaba permitido salir por emergencias médicas. Había un toque de queda estricto al anochecer y nadie podía salir de sus hogares los fines de semana.

Island Luck, claramente, no calificaba como un servicio esencial. Tuve que cerrar las 60 sucursales y decidí que, durante este tiempo, seguiría pagando los sueldos de mis empleados. Aunque la empresa no generaría ningún ingreso por el lado físico del negocio durante esas dos semanas, era lo correcto. Limitar la propagación del virus era algo positivo para las Bahamas y, muy probablemente, salvaría vidas. El equipo de Island Luck recibió unas vacaciones inesperadas de dos semanas. Cuando se levantara el confinamiento, todos estarían descansados y listos para enfrentar los desafíos de este año.

Debo admitir que no me desconecté del trabajo por completo desde que terminé la secundaria. Siempre había algo por hacer o en qué pensar. La presión constante del *¿y ahora qué sigue?* me impulsaba a seguir adelante, incluso cuando estaba de vacaciones o me tomaba un día libre. El confinamiento por el COVID-19 fue diferente. El mundo entero se estaba deteniendo. Nadie estaba haciendo negocios, en ningún lugar. No podía programar reuniones y no había proveedores a los que perseguir. Se sentía como una especie de minivacaciones. Por primera vez en mi vida adulta, pude quedarme en casa y no hacer nada.

Relajarme estuvo bien durante dos semanas. Sin embargo, el confinamiento se extendió a la tercera, cuarta y quinta semana, sin un final a la vista. Island Luck estaba en una encrucijada. La nómina salarial ascendía a 1 millón de dólares bahameños al mes y el único ingreso que generábamos provenía de nuestras operaciones en línea. Podía seguir pagando los sueldos durante la cuarentena o podía despedir a todos. Desde el punto de vista empresarial de la ecuación, no podía darme el lujo de seguir pagando indefinidamente. Si hacía eso, no habría una empresa a la cual regresar cuando terminara la cuarentena. ¿Qué clase de responsable sería si dejaba que Island Luck se hundiera bajo el peso del COVID-19?

Despedir al personal también significaba destruir al equipo increíble que había construido a lo largo de 11 años. No había ninguna garantía de que quienes fueran despedidos, aunque fuera de manera temporal, regresarían luego. Las personas iban a hacer lo que fuera necesario para sobrevivir. Me llevaría años volver reconstruir ese nivel de excelencia operativa que tenía Island Luck en ese momento. Eso también significaba que la empresa podría no sobrevivir. Además de todo eso, estas personas tenían familias y cuentas que pagar. No podía arrojarlas al vacío.

No estaba dispuesto a aceptar que las únicas opciones para Island Luck fueran malas o peores. Frente a la adversidad, la oportunidad suele disfrazarse, así que volví a los planes que había trazado a comienzo de año. Mi objetivo era transformar el negocio hacia un modelo más automatizado. A finales de 2019, había pedido kioscos de autoservicio capaces de realizar muchas de las funciones que se hacían en nuestras tiendas físicas. Desde estas máquinas, se podía realizar depósitos en cuentas de juego, recargar vales de juego, pagar servicios, recargar tarjetas telefónicas y completar otras transacciones. Había probado los equipos en algunas sucursales durante los últimos dos años, pero nunca habíamos implementado los kioscos en toda la empresa. Podían funcionar como unidades individuales y no necesitaban estar dentro de una tienda de Island Luck. La mejor parte era que los kioscos de autoservicio podían instalarse tanto en interiores como en exteriores. Cualquier lugar con electricidad y una conexión a internet podía convertirse en una ubicación potencial para una de estas máquinas.

Tenía 70 kioscos de autoservicio en un depósito que esperaban por su instalación. Las regulaciones de la cuarentena se estaban flexibilizando lo suficiente como para que pudiera enviar equipos de trabajo a hacer agujeros en las paredes de cada una de nuestras tiendas físicas para instalar los kioscos. Como teníamos 60 locales de Island Luck, las otras 10 máquinas irían a lugares de alto tránsito, como estaciones de servicio o supermercados. Para que los kioscos fueran aún más accesibles, nos asociamos con instituciones financieras e instalamos cajeros automáticos de circuito cerrado de Island Luck, de modo que los clientes pudieran utilizar sus tarjetas de Island Luck para retirar dinero.

Los kioscos no eran una solución completa, pero formaban parte de mantener todo a flote hasta que el mundo volviera a la normalidad. Aun así, necesitaba encontrar una manera de generar más ingresos, en este mundo del COVID-19 que parecía no tener fin. Por suerte, tenía todo el tiempo del mundo para pensar. Un día, estaba sentado en mi patio y contaba las gaviotas que pasaban volando. No sé por qué estaba contando gaviotas. Sin embargo, mientras hacía esa tarea sin sentido, entré en un estado casi meditativo. Cuando llegué a la gaviota número 79, me di cuenta de algo.

El 95 % de tu negocio proviene de la tecnología. ¿Por qué sigues tomando proyectos de construcción?

Creo que esa fue la manera que tuvo Dios de decirme que, en este contexto, necesitaba dar un paso al costado del desarrollo inmobiliario y enfocarme en lo que realmente me apasionaba: innovaciones en el sector tecnológico. De inmediato, agarré el teléfono y revertí una decisión que había tomado unos días antes. Incluso con los avances que estábamos logrando con los kioscos, no podía sostener a mis equipos de desarrollo tecnológico. Antes de contar esa gaviota número 79, no había nada que desarrollar. Ahora que mi atención ya no estaría dividida entre el negocio inmobiliario e Island Luck, encontraríamos la manera de revolucionar el juego en línea. No sabía cómo se vería aún, pero ese era el objetivo. No era exactamente lo que tenía en mente cuando establecí mis objetivos para 2020, pero, a veces, las circunstancias exigen que modifiques tus objetivos.

Mi objetivo para Island Luck no fue el único que modifiqué. La gran celebración que tenía pensada para mi próximo cumpleaños no era posible por las restricciones del COVID-19. Busqué alternativas y averigüé sobre las regulaciones en Tulum. México estaba considerablemente más relajado que la mayoría de los lugares del mundo. Alquilé una casa grande e invité a mis familiares y amigos cercanos a celebrarlo conmigo. En la última noche de mis 39 años, me fui a dormir como siempre, mientras pensaba en negocios y en otras preocupaciones de la vida diaria. Cuando me desperté para empezar mi año número 40, tuve un momento de claridad. Las personas a mi alrededor estaban falleciendo por el COVID-19. Esta enfermedad aleatoria, de la que nadie había oído hablar un año antes, había cambiado nuestras vidas, posiblemente para siempre. No había garantía de que yo, o mis seres queridos, no nos contagiáramos de COVID-19 y un día no despertáramos. El mundo estaba pasando de ser una cultura de vida a una civilización en la que la muerte estaba más cerca que nunca.

Tenía que cambiar.

Siempre me había considerado una persona buena y amable. Había donado a causas valiosas. Había mantenido a mi familia. Sin embargo, las circunstancias extraordinarias exigían que diéramos más hoy que lo que habíamos dado ayer. Ayer, me enfocaba en el emprendimiento, la ambición y mis negocios secundarios. Hoy en día, me faltaba propósito y dirección. Podría sonar contradictorio, pero no sabía para qué servía todo ese éxito ni hacia dónde me estaba llevando. Si mañana terminara en la mesa de un forense, ¿para qué habría sido tanto esfuerzo? ¿Qué valor tendrían entonces los bienes raíces o Island Luck?

Tenía que redefinir mi Estrella del Norte del éxito. Hasta ayer, medía el éxito solo en función de mis ganancias financieras. Hoy en día, necesitaba ampliar mi idea de éxito para incluir avances en mi salud y mis relaciones. Lo más importante, tenía que encontrar la forma de utilizar mi éxito financiero para afectar en las vidas de otros de manera positiva. Ya tenía un modelo claro para el éxito financiero. A lo largo de este libro estuviste leyendo sobre eso. ¿Qué sucedería si aplicaba esos principios a mi vida personal? ¿Qué hubiera pasado si aplicaba el mismo impulso y análisis para mejorar mi estado físico, así como lo hacía para alcanzar los KPI? En vez de preguntar: «¿Cómo puedo atender mejor a mis clientes?», debía preguntarme: «¿Cómo puedo atender mejor a mi familia?». ¿Cuál es el costo de no estar presente para mi familia y no fomentar los vínculos con ellos? Puede que estén seguros a nivel financiero, pero eso solo no alcanza. Necesitaba estar con ellos para que pudieran enriquecer mi vida y pudiera seguir contribuyendo a sus vidas. ¿Qué podía hacer para enseñar a otros a alcanzar el éxito financiero? Tenía que realinear por completo mi Estrella del Norte.

Es fácil decir que debes cambiar el propósito de tu vida. Incluso podría ser más fácil señalar las áreas problemáticas de tu vida que necesitan un ajuste. Lo que no es tan fácil es crear un sistema o un marco que te permita evaluar e implementar ese propósito nuevo. Mi solución requirió algo de prueba y error. La tuya también lo hará, porque la respuesta es tan única como tú. Descubrí que debía observar los eventos de mi vida cotidiana que realmente me hacían feliz. ¿Qué es lo que esperaba con ganas al despertarme cada mañana? Si me entusiasmaba dar un seminario sobre cómo abrir un negocio, pero odiaba la idea de asistir a una reunión de directorio, tenía que tomar nota de eso. O bien, eliminaba esas reuniones o convertía la experiencia en algo que sí pudiera disfrutar. Después de eso, tuve que redoblar la apuesta por la enseñanza, porque eso aportaba alegría y significado a mi vida. Cada vez que identificaba algo que me hacía feliz, tenía que ver con enriquecer la vida de otra persona. Tengo la sensación de que te sentirás de la misma manera.

El segundo elemento de mi fórmula para encontrar propósito fue cambiar mi manera de pensar: pasar de una mentalidad de logro a una perspectiva de legado. Siempre pensé en los logros como hitos pequeños por los que te daban un certificado o un trofeo en la escuela. Por ejemplo, si tenías asistencia perfecta recibías un trofeo durante una ceremonia al final del año. Si seguías este enfoque de logro, el único motivo para ir a la escuela todos los días sería obtener ese reconocimiento. En cambio, adoptar un enfoque de legado sobre la asistencia perfecta implicaría ir a la escuela todos los días para poder ver a tus compañeros y ayudar a alguien con su tarea. ¿Qué pasa al final de tu vida si tienes una pared llena de trofeos? A nadie le va a importar y van a tirar todo ese metal inservible a la basura. Por el contrario, si vas a la escuela con la intención de fortalecer tus relaciones y ayudar a los demás, eso dejará una huella que va a trascender.

Cuando empecé a aplicar este nuevo enfoque de legado en mi vida, comencé a ver las brechas entre dónde estaba y dónde quería estar. Es muy parecido a analizar datos para tomar decisiones en tu negocio. Puedes ver dónde los números no cierran y en qué áreas debes reajustar tus enfoques. Una de estas áreas de mi vida eran las vacaciones. Solía irme de vacaciones y vivir experiencias increíbles, pero no siempre llevaba a mis hijos. Me decía a mí mismo que necesitaba tiempo a solas o que eran demasiado pequeños para apreciar los lugares a los que iba. Eso tenía que cambiar, porque quería que compartieran esa experiencia conmigo. Durante las vacaciones, reservaba un poco de tiempo para mí, porque el autocuidado también es necesario. Pero la mayor parte del tiempo que estaba fuera del trabajo, lo dedicaba a crear recuerdos duraderos con las personas que amo.

Así como antes retenía tiempo con mi familia para recargar energías, también estaba reteniendo mis talentos del resto del mundo. Cuando adoptas un enfoque de logros en la vida, todo se convierte en una competencia. Estás compitiendo contra un grupo de enemigos, reales o imaginarios, que supuestamente quieren impedir que alcances ese logro. La idea es que, si les das a otros la receta de tu salsa secreta, alguien va a terminar quitándote tus logros. Si le enseño a alguien cómo ser exitoso, algún día podría usar ese conocimiento en mi contra para convertirse en competencia.

Mi solución basada en el legado con respecto a mi salsa secreta fue abrirme y enseñarles a todos cómo alcanzar el éxito. Podía llevarme mi receta a la tumba o podía mejorar las vidas de otros al crear una organización sin fines de lucro que eduque y otorgue subsidios a personas que quieran empezar un negocio. Como resultado de ese esfuerzo, también lancé una serie de charlas motivacionales en las que invito a los empresarios más brillantes y exitosos que conozco a compartir sus experiencias con todo el mundo. No estoy creando competencia al enseñar estas habilidades. Estoy brindando una oportunidad que puede afectar a las generaciones que vendrán después de mí.

Cualquier iniciativa empresarial nueva necesita financiamiento. Ya sea que aumentes tu capital o recortes gastos para que lo nuevo pueda suceder. Como no podía generar más tiempo en mi día para centrarme en las cosas que había identificado que me hacían feliz y, en este enfoque de legado, tuve que analizar dónde recortar gastos. Eso significaba reducir el tiempo que dedicaba a personas y actividades que no eran productivas. No tenía demasiado margen para actividades frívolas. No pasaba cantidades excesivas de tiempo en un campo de golf ni frente a la televisión. Donde sí estaba invirtiendo más tiempo libre del que debía era en relaciones que no estaban alineadas con mi propósito nuevo. Si alguien no resonaba con mis objetivos personales, profesionales, espirituales y/o de salud, tenía que reevaluar por qué estaba alimentando esa relación.

Empecé a analizar todos mis compromisos e interacciones, los agrupé en categorías para poder gestionar mejor mi tiempo y energía. Me gusta pensarlo como la teoría de los baldes: distintas personas y actividades llenan tu balde de distintas maneras. Saber a qué balde pertenece cada una te ayuda a proteger tu tiempo y tu energía para lo que realmente importa. Estaba el balde de «sentarse a ver un partido». También tenía un balde de «amigos para entrenar». La idea se entiende y tus baldes probablemente sean distintos. Después, asigné qué valor aportaba a cada balde y qué recibía de este. Si me perdía un partido con mis amigos, eso no iba a tener grandes efectos en mi vida ni en la de ellos. En cambio, si faltaba a una sesión de entrenamiento con alguien que estaba luchando por mantenerse constante, eso sí podía tener consecuencias a largo plazo.

Cuando evalué mis baldes, decidí dónde quería invertir mi tiempo y energía. No había nada malo en los amigos con los que veía partidos. Seguiría habiendo momentos para compartir con ellos. Sin embargo, necesitaba limitar mi tiempo con las personas de ese balde, porque no estaban contribuyendo a mi propósito general. Esa fórmula funciona en ambos sentidos. Al reajustar mi propósito, puede que tampoco hubiese estado en el balde correcto para impulsar los propósitos de mis amigos. Aprendí a ser maduro con respecto a las personas que quedaron fuera de mi vida porque ya no les estaba dando lo que necesitaban. Tuve que darme la gracia de no ser todo para todos. Seguir ese camino solo lleva a agotar la mente y los recursos.

Realinear mi Estrella del Norte y pasar del éxito material a la perspectiva de legado generó un momento de agitación. Todo cambio sacude las cosas. Si no lo hace, no estás cambiando nada. Una vez que los cambios se asentaron, descubrí que mi vida era más pacífica. Había menos discusiones en mi vida personal. Mi mente estaba en calma cuando pensaba en el futuro. No sentía ansiedad por lo que iba a lograr, porque estaba sentando las bases para algo mucho más grande que trofeos.

Entonces, ¿qué sigue para mí? ¿De verdad pensaste que una epifanía en la mañana de mi cumpleaños número 40 iba a ser el final? Ahora me despierto cada mañana y me pregunto: «¿Qué sigue ahora?» Cada día es una evaluación de dónde estoy y hacia dónde quiero llegar con mi nueva Estrella del Norte. Ese proceso de evaluación está en constante cambio y crecimiento, a medida que intento consolidar el control de mi vida personal y profesional. Para lograrlo de manera eficaz, necesitas tener una relación lo suficientemente sana contigo mismo para que una introspección honesta se convierta en una oportunidad de crecimiento. Con demasiada frecuencia, ver las grietas de tu personalidad o tus capacidades lleva a que te castigues. Sé lo suficientemente amable contigo para reevaluar dónde estás y a dónde quieres llegar. Mantén esa Estrella del Norte y trabaja siempre en dirección hacia ella.

Hace poco, me di cuenta de que no estaba siendo fiel a una de mis propias creencias. Durante años, expresé mis preocupaciones sobre cómo ciertas partes del sistema educativo público podrían servir mejor a los estudiantes. Mi experiencia escolar me dejó la sensación de que no me había preparado tan bien como podría haberlo hecho. Cada vez que surgía el tema, era rápido para señalar las fallas del sistema. Sin embargo, no estaba haciendo nada para ayudar a mejorar la educación. Decía lo correcto, pero no pasaba a la acción. Si tienes un diálogo honesto contigo mismo, muchas veces puedes detectar esa desconexión entre lo que dices y lo que haces, y reconocerla como una oportunidad de crecimiento. Eso fue exactamente lo que hice. Elegí centrarme en cómo podía contribuir a las soluciones, en lugar de limitarme a señalar los problemas.

Al momento de escribir esto, puse en marcha una iniciativa que toma el enfoque tradicional de las escuelas de oficio y lo moderniza para la era digital. Estamos ofreciendo cursos de tres o cuatro meses que enseñan habilidades basadas en tecnología, diseñadas para preparar a los estudiantes para obtener certificaciones reconocidas por la industria. La computación en la nube, la ciberseguridad y el análisis de datos son áreas que pueden enseñarse en línea y permiten acceder a un empleo en cuestión de meses, no de años. Lo mejor de todo es que estos cursos se pueden realizar mientras la persona mantiene un trabajo a tiempo completo. Además, podemos adaptar el plan de estudios para reflejar exactamente lo que los empleadores tecnológicos están buscando hoy. ¿Cuál es el sentido de la educación si no se mantiene actualizada con los tiempos ni sirve realmente a sus estudiantes?

Otro punto de mi revisión fue el sector inmobiliario. Cuando me inicié en el mundo del desarrollo, me apasionaba ofrecer viviendas buenas y asequibles. Como ya había alcanzado mis objetivos al transformar el modelo de negocio de Island Luck hacia uno de mayor presencia en línea, era momento de volver a levantar la pala. Estuve analizando con atención qué podía hacer para que las viviendas fueran más asequibles para la clase media. Los gobiernos suelen centrarse en subsidiar viviendas para sectores de bajos ingresos, pero la clase media quedó desplazada del mercado de viviendas asequibles en los últimos 10 años.

De manera histórica, la clase media ha sido el pilar de la innovación y los emprendimientos. Creo que seguirá siendo el motor de nuevas oportunidades y transformaciones que vendrán en los próximos años. Uno de esos cambios empieza por crear posibilidades reales para que los bahameños puedan invertir en propiedades a precios asequibles, al desbloquear una generación de riqueza, estabilidad financiera y prosperidad a largo plazo.

Creo firmemente que el verdadero desarrollo no se trata solo de construir edificios, sino de construir con propósito. El éxito de un proyecto no se mide por lo que se construye, sino por quiénes pueden quedarse y prosperar gracias a él. El crecimiento debería empoderar a las comunidades, no desplazarlas. De eso se trata la misión y visión de mi empresa de desarrollo: crear oportunidades que vayan más allá de una simple transacción y conduzcan a un verdadero empoderamiento económico.

El verdadero desarrollo no se trata solo de construir edificios, sino de construir con propósito.

Las Bahamas atraviesan un momento fundamental en su historia y me niego a quedarme al margen mientras se escribe esa historia. Veo un futuro en el que no somos solo participantes de la economía mundial, sino arquitectos de nuestra propia prosperidad. Durante demasiado tiempo, hemos jugado según reglas y modelos económicos que nunca estuvieron diseñados para que ganáramos. Eso tiene que cambiar.

Las próximas dos décadas de las Bahamas se deben definir por la propiedad, la innovación y la soberanía, a nivel financiero, tecnológico e intelectual. Tenemos el poder de redefinir nuestra economía, tomar el control de nuestras industrias y trazar nuestro propio futuro. Pero eso exige acción audaz, no una participación pasiva.

Para mí, ya no se trata de negocios. Se trata de legado.

He construido empresas. He demostrado que puedo generar riqueza. Pero, en esta etapa, el juego cambió para mí. El tablero de resultados ya no se mide únicamente en empresas, ganancias y valuaciones. Se trata de construir ecosistemas, estructuras y marcos que permitan que más personas creen, inviertan y crezcan. Se trata de impacto, transformación y construcción de una nación.

Fuera de eso, ¿qué más importa realmente?

Eso te toca definirlo a ti. ¿Qué huella quieres dejar en el mundo? ¿Cuál es tu verdadera medida del éxito?

El futuro pertenece a quienes son lo suficientemente audaces como para crearlo y tengo la intención de estar al frente de esa creación.

CAPÍTULO 12

CÓMO CONVERTIRSE EN UN LEÓN: HACER CRECER TU NEGOCIO MEDIANTE LA FORMACIÓN DE EQUIPOS

Cuando empecé mi primer negocio, el servicio de instalación de antenas satelitales, era un ejército de una sola persona. Conseguía los equipos, agendaba las citas, hacía las instalaciones y cerraba cada venta por mi cuenta. En ese entonces, no existía un nombre para hacerlo todo solo. Hoy, lo llamamos ser un soloemprendedor. Si estás construyendo tu primer emprendimiento, es probable que ya estés en ese camino. No estás solo. La mayoría de los emprendedores empieza a trabajar solo y hace lo necesario para mantener el negocio en marcha.

Para algunos, eso es suficiente. Creaste un negocio secundario, funciona y es tuyo. No hay nada de malo en quedarte solo. Para muchos, ese es el objetivo. Sin embargo, si tienes este libro en las manos, dudo que ese sea tu techo. No estás aquí para esforzarte y crecer. Crecer no tiene que ver con el tamaño, sino con la estructura de tu negocio. Se trata de pasar de *ser* el negocio a *crear* el negocio. Implica salir del centro de la operación para poder ver el panorama completo, no solo la parte que tú haces funcionar.

Saber cuándo y cómo dar ese paso es donde muchos fundadores tropiezan. Si creces demasiado pronto, el peso de los nuevos costos puede aplastar tu impulso. Si esperas demasiado, el mercado avanza sin ti. Si contratas a las personas equivocadas, corres el riesgo de arruinar todo lo que construiste. Este capítulo se trata de cómo evitar esos errores. Te voy a mostrar cómo reconocer el momento adecuado para crecer y, aún más importante, cómo formar un equipo que multiplique tu impacto en lugar de drenar tu energía.

Recuerda que los leones no cazan solos para siempre. Construyen una manada. Cuando esa manada se mueve, se mueve en conjunto.

¿Cómo saber cuándo es momento de crecer?

El crecimiento suena emocionante hasta que aparece sin aviso ni planificación. Entonces, se convierte en una prueba de estrés que empuja tus sistemas, resistencia y cordura al límite. Saber cuándo es momento de hacer crecer tu negocio es una de las decisiones más importantes que tomarás como fundador. No existe una fórmula universal de crecimiento que funcione para todos los negocios, pero sí hay señales. La clave del crecimiento es el momento justo. Si no es el correcto, te estancas o implosionas.

La primera señal es la demanda. Presta atención cuando empiezas a rechazar clientes, te quedas sin inventario o pierdes oportunidades porque no das abasto. Eso no es señal de que tu negocio está funcionando a plena capacidad. Es una señal de alerta. En Island Luck, empecé a ver esas señales justo antes de que aparezca el COVID-19. Sabíamos que nuestros clientes querían seguir jugando incluso después de que cerraran las tiendas, pero mantenerlas abiertas toda la noche no era realista desde el punto de vista de la seguridad. Manejábamos grandes volúmenes de dinero en efectivo y el riesgo de extender el horario no valía la pena. En ese momento, apostamos por la innovación.

Surgió la idea de los kioscos de autoservicio. Estas máquinas podían atender a los clientes las 24 horas del día sin necesidad de interacción humana. Ese movimiento no tenía que ver con ser ingeniosos ni reducir personal. Se trataba de responder a la demanda con una estrategia medida. Nuestro equipo podía centrarse en la experiencia y el servicio al cliente durante el horario habitual. Luego, quienes querían jugar en plena madrugada podrían hacerlo. La decisión haría felices a todos nuestros clientes y, al mismo tiempo, prepararíamos el camino para expandir el negocio y generar más empleo.

La demanda no es la única métrica que importa. Debes analizar tus números con una claridad implacable. ¿Tus finanzas son lo suficientemente sólidas como para absorber el costo de crecer? ¿Tus gastos están bajo control? ¿Puedes expandirte sin poner en riesgo toda la operación? A veces, es el dilema del huevo y la gallina. No puedes crecer sin tener más ventas, pero no puedes manejar más ventas sin crecer. En ese momento, los datos y la proyección se vuelven tu salvavidas. Más adelante, entraremos en detalle. Debes entender que, si no estás sacando cuentas antes de actuar, estás apostando, no escalando.

Más allá de las finanzas, evalúa tu capacidad operativa. No preguntes solamente «¿Podemos crecer?». Pregúntate: «¿Podemos crecer de manera sostenible?». Comprar equipos nuevos puede parecer progreso, pero ¿tu equipo sabrá cómo utilizar esa tecnología nueva? ¿Requerirá instalación, capacitación o más personal? El crecimiento tiene que funcionar en el mundo real, no solo verse bien en un plan de negocios.

Antes de realizar cualquier movimiento, pon a prueba tu plan. Habla con alguien de confianza. Consúltalo con un mentor. Escucha a tus clientes más leales. No delegues en exceso tu confianza. Nadie conoce tu negocio mejor que tú.

Cuando las señales se alinean, la demanda es fuerte, las finanzas son sólidas, las operaciones están listas y los comentarios confirman el camino, es probable que haya llegado el momento. Ahí es cuando la pregunta deja de ser «¿Deberíamos crecer?» y pasa a ser «¿Cómo deberíamos crecer?».

Ahí es donde comienza el verdadero trabajo.

Los equipos no son solo personas

Cuando la mayoría de las personas piensa en crear un equipo, se imagina contratando a personas. Piensa en publicar ofertas de empleo, realizar entrevistas y sumar nombres a la nómina. Pero cuando eres un fundador en una etapa temprana, tu equipo es mucho más amplio que el personal. Tu primer equipo no está formado por empleados. Está compuesto de todas las cosas y las personas que te ayudan a que tu negocio avance. Puede ser una plataforma de software, un vehículo, un mentor o un proceso. Si hace que tu negocio sea más eficiente, escalable o rentable, entonces es parte de tu equipo.

No siempre lo vi de esa forma. Al principio, creía que el «equipo» significaba personas y punto final. Pronto aprendí que la tecnología también es un compañero de equipo. No puedes escalar sin algún tipo de automatización o soporte digital. Hay momentos en los que la solución tecnológica adecuada es más valiosa que un empleado a tiempo completo. Funciona las 24 horas del día, no pide vacaciones y escala con la demanda sin sumarte dolores de cabeza en la nómina. Una sola plataforma bien elegida puede marcar la diferencia entre acompañar el crecimiento o verse desbordado por este.

Creas un equipo al agregar una ventaja. Ya sea que esa ventaja venga de una herramienta digital, un equipo físico o una persona, la pregunta siempre es la misma: «¿Este recurso multiplica tu tiempo, tu capacidad o tu impacto?» Si la respuesta es afirmativa, entonces pertenece a tu equipo. Ese es el único criterio que importa. La forma importa menos que la función.

Una vez que adoptas esa mentalidad, todo cambia. Dejas de pensar como alguien que trabaja solo y corre constantemente para mantenerse al día. Empiezas a pensar como un creador. Te conviertes en alguien que arma la combinación correcta de recursos tecnológicos y humanos para crear algo que puede crecer sin necesidad de reinventarse todo el tiempo. Este capítulo te ayudará a evaluar e identificar esa combinación para que puedas escalar con intención, en lugar de improvisar. Crear el equipo correcto no se trata de ocupar asientos. Se trata de llenar los vacíos que te impiden alcanzar el siguiente nivel.

Tu primera contratación debería ser la tecnología

Hoy en día, cuando construyo un negocio o asesoro a alguien sobre cómo escalar, mi primera pregunta siempre es la misma:

¿QUÉ PODEMOS AUTOMATIZAR PRIMERO?

Antes de incorporar a una persona, piensa en las herramientas que te dan mayor ventaja. La primera contratación más inteligente no siempre es humana. En muchos casos, es la tecnología. La solución tecnológica adecuada puede ahorrarte tiempo, ampliar tu alcance o aumentar tu producción, sin pedir nunca un salario mensual. Eso puede incluir analítica impulsada por IA, una plataforma de Gestión de relaciones con clientes (CRM), herramientas de programación automática o sistemas financieros de back-end que mantengan tus números ordenados y tus libros al día.

En varias de mis empresas, usamos la tecnología para promover la segmentación del cliente, personalizar mensajes y generar informes en tiempo real. Aún más importante, las soluciones tecnológicas permiten escalar exponencialmente la creación de contenido. Lo que antes requería un equipo completo de marketing trabajando sin parar, hoy se puede hacer más rápido, con mayor volumen y mejor precisión gracias a la combinación correcta de plataformas. Ese es el punto: la tecnología debería ser tu primer miembro del equipo porque genera resultados sin aumentar los costos.

Defino la tecnología de manera amplia. No se trata solo de software y aplicaciones. Puede ser una herramienta, una plataforma o un proceso. La tecnología es todo aquello que elimina fricción de tu flujo de trabajo o te libera para centrarte en lo que realmente impulsa el crecimiento. Pregúntate a ti mismo qué parte de tu negocio te frena o consume tu energía y luego, encuentra una solución para eso. Para algunos, es la contabilidad o la facturación. Para otros, es la agenda o el seguimiento de clientes. Tal vez sea la creación de contenido para redes sociales. Sea cual fuere el punto débil, existe una herramienta que puede simplificarlo. En la mayoría de los casos, el costo es apenas una fracción de lo que gastarías en un asistente a tiempo parcial.

Incluso si no sabes qué herramientas elegir, puedes utilizar plataformas como ChatGPT para averiguarlo. Puedes escribir «¿Qué herramientas de automatización debería utilizar si tengo un negocio basado en servicios?» o «¿Cuáles son las mejores plataformas de CRM para gestionar una tienda en línea pequeña?». Puedes utilizar la tecnología para ayudarte a identificar qué tecnología necesita tu negocio. Eso nunca había sido posible antes. Si no estás aprovechando las herramientas de IA, estás dejando la ventaja sobre la mesa.

Como cualquier contratación, la tecnología tiene que demostrar su valor. Cada herramienta, plataforma o sistema que incorpores debería ahorrarte tiempo, reducir costos o aumentar ingresos. Supongamos que inviertes 500 dólares bahameños al año en una plataforma de facturación. Si te ahorra 5 horas al mes, ¿en qué estás usando esas 5 horas? Si ese tiempo lo dedicas a buscar otra oportunidad de negocio nueva, fortalecer las relaciones con los clientes o mejorar tu producto, esos 500 dólares bahameños son una inversión con un retorno medible. Si no, entonces es simplemente otro gasto.

Ya sea una persona, un equipo físico o una herramienta digital, cada incorporación a tu negocio debería generar impulso. El impulso es el aumento medible de la eficiencia, la rentabilidad o la capacidad que te permite hacer más sin aumentar el esfuerzo o los costos de manera proporcional. Es el tipo de ventaja que mejora con el tiempo, te permite obtener mejores resultados con menos recursos, trabajar a un ritmo más rápido, tomar decisiones más inteligentes y mantenerte centrado en el trabajo de alto valor que solo tú puedes hacer. Por eso, antes de pensar a quién contratar, deberías definir primero qué sistemas necesitas para sostener un crecimiento saludable. Construye esa base digital desde el inicio y, cuando llegue la próxima ola de oportunidades, la enfrentarás desde una posición de fortaleza: listo para escalar con confianza, en lugar de correr para no quedarte atrás.

Proyección y evaluación

Antes de sumar algo o a alguien a tu equipo, debes formularte una pregunta simple: ¿Esto hará avanzar el negocio? Si no puedes responder con confianza, no estás tomando una decisión informada, simplemente estás adivinando. En los negocios, adivinar cuesta dinero.

Ahí es donde aparece la proyección. Proyectar no se trata solo de predecir el futuro, sino de prepararte para él. Es una forma de poner a prueba tus decisiones antes de invertir tiempo, dinero o personas. Una buena proyección te da una imagen clara de cómo podría desarrollarse una inversión para que tomes decisiones desde un lugar de estrategia y no desde la esperanza.

Con el paso de los años, me he apoyado en tres métodos simples que puedes aplicar incluso si nunca armaste una hoja de cálculo en tu vida. Son claros, prácticos y, si los usas en forma constante, lo suficientemente potentes como para mantener tu crecimiento en el camino correcto sin dejar que tu ambición se adelante a tu capacidad.

1. PROYECCIÓN LINEAL

Este método es tu aliado cuando se trata de números concretos. Empiezas con lo que ya sabes y lo proyectas hacia adelante. Por ejemplo, imagina que estás aceptando pagos con tarjeta de crédito de manera manual, con una tasa de procesamiento del 3,5 %. Inviertes en un lector de tarjetas de 50 dólares bahameños y la tasa baja al 2,5 %. Una vez que procesas 5 000 dólares bahameños en ventas, ese lector ya se pagó solo. Desde ese momento, cada transacción suma un 1 % adicional a tu resultado final.

Puedes aplicar el mismo enfoque para proyectar el crecimiento de ingresos. Si tus ventas aumentaron un 4 % mes a mes y nada en tu entorno cambia de manera significativa, ya tienes una base. No es una garantía, pero sí es un cálculo lo suficientemente confiable como para planificar.

La conclusión es simple. Toma decisiones con números, no con emociones.

2. ANÁLISIS DE VALOR AGREGADO

Algunas decisiones no son tan fáciles como hacer cuentas. En esos casos, formúlate una pregunta diferente: ¿Qué valor agregará esta herramienta, este sistema o esta contratación? Por ejemplo, tal vez estés considerando una suscripción de 500 dólares a un software de contabilidad. Calculas que podría ahorrarte 5 horas por semana; es decir, 20 horas al mes. La siguiente pregunta es clave: ¿Qué harás con esas 20 horas?

Si la respuesta sincera es «nada», entonces no vale la pena invertir en el software. Sin embargo, si vas a utilizar ese tiempo para buscar clientes, crear ofertas nuevas o mejorar tu producto, esa herramienta de 500 dólares se convierte en un multiplicador de ganancias.

Piensa en las herramientas de valor agregado como reductores de fricción. ¿Un portal para clientes que les permite reservar turnos sin tener que levantar el teléfono? Eso es valor agregado. ¿Una automatización que envía correos de bienvenida o de seguimiento sin tu intervención directa? Eso es valor agregado. Si un recurso ahorra tiempo, elimina fricción o abre la puerta a nuevos ingresos, vale la pena analizarlo.

3. REGISTRO DEL TIEMPO Y PRIORIDADES

Si no sabes por dónde empezar, comienza registrando en qué se va tu tiempo. Durante una semana completa, anota todo lo que hagas. Los resultados te van a sorprender. Siempre hay algo que consume más horas de las que debería. Este ejercicio deja en evidencia tus pérdidas de tiempo más importantes y las áreas donde tú mismo estás frenando el crecimiento del negocio. Esas son tus señales para saber dónde realizar la próxima inversión.

Luego, empareja esas tareas que te quitan tiempo con un sistema, una herramienta o una contratación que te permita deshacerte fácilmente de ellas. La solución más fácil es contratar a alguien. Aprender un proceso nuevo, un software o una tecnología puedan parecer más intimidante que decirle a una persona qué hacer, pero esa decisión puede ser limitada. Analiza y agota todas las posibilidades antes de elegir un camino. No contrates a una persona por inercia y no automatices solo porque pueda sonar sofisticado. Proyecta. Evalúa. Prioriza. Trata cada decisión como una inversión, porque es eso exactamente.

Tu segundo miembro del equipo debería ser humano

La tecnología te puede llevar lejos, pero no te va a llevar hasta el final. Todo negocio llega a un punto en el que la automatización por sí sola ya no alcanza. Lo que se necesita es otra persona que pueda pensar, crear y compartir la carga de trabajo contigo. Llegué a ese punto cuando manejaba mi negocio de máquinas expendedoras de tarjetas telefónicas. La empresa estaba creciendo rápido y las máquinas necesitaban reposición constante, mantenimiento continuo y soporte técnico. No podía estar en todos lados al mismo tiempo. Necesitaba un segundo par de manos que se ocupara del soporte diario mientras me centraba en el crecimiento. Esa decisión no me eliminó la presión de las tareas cotidianas. Lo que hizo fue liberar la capacidad de pasar de ser operador a constructor.

Es muy probable que tu negocio atraviese un momento similar. Antes de contratar a alguien, recuerda que tu primer miembro humano del equipo no tiene por qué ser un empleado a tiempo completo. Puede ser un trabajador independiente, un contratista o un asesor. El objetivo de esa primera contratación no es simplemente sumar a alguien a la nómina. Se trata de eliminar una restricción que te está frenando.

Tal vez necesites ayuda operativa. Quizás necesites conocimiento especializado. O puede que hayas llegado a tu límite y alguien tenga que hacerse cargo para que tú puedas dar el siguiente paso. Sea cual fuere la respuesta, un recurso humano debería encargarse de aquello en lo que no eres tan bueno o liberarte para que te centres en lo que mejor haces. Si no cumple con al menos una de esas funciones, todavía no es momento de contratar.

Cuando finalmente contrates a alguien, entiende que tu trabajo como líder no termina con la delegación. En realidad, ahí empieza tu trabajo. Debes establecer expectativas claras, brindar comentarios directos e invertir en su éxito. Si estás demasiado ocupado como para hacer seguimiento, distraído para acompañar o pasivo a la hora de exigir responsabilidades, no estás creando un equipo. Estás creando un problema y un dolor de cabeza a futuro.

Cada persona que incorpores debería quitarte algo de encima, pero debes seguir controlando. Ten en cuenta tus intenciones. Empieza con alguien que resuelva un punto débil específico y que haga que el negocio funcione mejor, incluso sin que tú estés encima de cada detalle. Porque la persona correcta, en el puesto adecuado, no solo te ayuda a avanzar más rápido, sino que te ayuda a escalar en forma más inteligente.

Estrategia de salto de rana

El crecimiento rara vez suele ocurrir en forma lineal y prolija. La expansión suele darse a través de saltos, muchas veces inesperados. Dar esos saltos de manera estratégica es lo que se denomina *leapfrogging* (salto de rana). A medida que tu negocio escala, alternas entre dos tipos de inversiones: tecnología y personas. La tecnología mejora la eficiencia. Las personas amplían la capacidad. Luego, el ciclo se repite.

La tecnología aumenta el rendimiento. Las personas habilitan la escala.

Juntos, te impulsan hacia adelante.

Así funciona. Supongamos que tu negocio empieza a despegar y contratas a alguien para encargarse del cumplimiento de pedidos. Los pedidos salen más rápido y las operaciones se sienten más ordenadas. A medida que las ventas siguen creciendo, esa persona ya no logra mantener el ritmo. Antes de sumar a alguien más, pregúntate primero si la tecnología puede hacer que ese empleado sea más productivo.

Tal vez incorpores una impresora de etiquetas, un software de envíos o una automatización de pedidos. Esa única inversión podría duplicar su velocidad y postergar la necesidad de otra contratación. Eso es *leapfrogging*: alternar entre tecnología y talento para estirar tus recursos y mantener el negocio ágil y sólido al mismo tiempo.

Muchos fundadores se saltan este paso. Contratan de más demasiado temprano y generan costos innecesarios o automatizan en exceso y pierden el toque humano. Cuando construyes en ciclos, creces de manera más inteligente, no solo más grande. El proceso es simple:

1. Suma una herramienta o un sistema que aumente tu eficiencia.
2. Cuando eso llegue a su límite, incorpora a una persona para sumar capacidad.
3. Cuando esa persona llegue a su límite, busca tecnología que le permita hacer más.
4. Repite.

Es un ritmo, no una fórmula rígida. Tienes que estar atento a los puntos de fricción en tu negocio. A veces, el punto débil es el volumen. Otras veces, se lucha con la complejidad de la integración o la gestión de proveedores. La clave está en saber qué palanca accionar a continuación. No estás construyendo una pirámide, estás construyendo un volante. Los mejores operadores no crecen, dan saltos.

Crear tu equipo también implica soltar

Si te tomas en serio el crecimiento, vas a enfrentarte a una verdad incómoda. Lo que te trajo hasta aquí no te va a llevar hasta allá. Eso aplica a tus herramientas, sistemas y, a veces, las personas. Demasiados emprendedores se aferran a equipos obsoletos, procesos torpes o miembros del equipo con bajo rendimiento solo porque en algún momento funcionaron. En los negocios, la lealtad al pasado puede costarte el futuro. La frase más peligrosa en una empresa en crecimiento es: «Así es como siempre lo hicimos».

> Los líderes visionarios priorizan el tiempo para pensar y entienden que esa claridad precede al logro.

Cuando llegó el COVID-19, Island Luck tenía más de 70 kioscos de autoservicio guardados en un depósito, pero solo unos pocos se habían instalado. Dudé en cambiar el modelo de negocio. Instalar esos kioscos implicaba volver a equilibrar el personal, replantear las operaciones y comprometerme con un futuro mucho más apoyado en la tecnología. Ese tipo de cambio incomoda a las personas. Exige transformación y no todo el mundo se queda a bordo cuando eso sucede.

El contexto de las restricciones por el COVID-19 no nos dejó alternativa. Apostamos todo a los kioscos. Eso implicó conversaciones difíciles, cambios de roles y, en algunos casos, reducción de personal. También significó supervivencia y, por último, crecimiento. A veces, hacer lo mejor para el negocio significa actualizar la estructura de tu equipo. Eso podría significar reemplazar herramientas que ya no te sirvan, volver a capacitar a empleados o ayudar a alguien a realizar una transición porque su puesto ya no encaja con la visión. Esto no se trata de ser frío. Se trata de ser claro.

Tu responsabilidad como líder es alinear la fortaleza del negocio con la fortaleza de tu equipo en cada etapa. Eso puede significar capacitación cruzada, reasignación de funciones o dejar ir. No se trata solo de tecnología o personas.

Se trata de hacer lo que es mejor para tu negocio. Dejar ir a 10 empleados hoy podría permitirte contratar a 20 nuevos empleados en 6 meses.

Que hayas invertido en una forma de hacer las cosas no significa que deban mantenerse para siempre. Eso es la falacia del costo hundido: seguir invirtiendo tiempo o dinero en algo solo porque ya invertiste antes. Suelta cuando sea el momento. Actualiza cuando los datos lo indiquen. La duda, no la competencia, es lo que mata el impulso.

Sé leal a tus empleados. Sé leal a tus valores. Pero no seas leal a la ineficiencia. Las grandes empresas se construyen a partir de decisiones, no de nostalgia.

Mantenerte un paso adelante

El crecimiento no ocurre por accidente. Surge del pensamiento intencional, decisiones transparentes y tomarte el tiempo de analizar el camino antes de que te veas obligado a hacerlo. Las oportunidades rara vez se anuncian. Aparecen como susurros, patrones o problemas que debes resolver. Si estás atrapado en las actividades del día a día, corres el riesgo de perder la oportunidad que podría llevar tu negocio al siguiente nivel.

Por eso, debes reservar tiempo para pensar. Tómate el tiempo para tomar distancia y preguntarte a ti mismo: «¿Hacia dónde va esto? ¿Qué sigue ahora? ¿Qué necesita evolucionar?»

Antes de lanzar mi primera empresa, pasaba horas dibujando ideas, analizando escenarios y ensayando movimientos en mi cabeza. Ese hábito no cambió. En todo caso, se volvió más agudo. Aprendí que la inversión más valiosa que puedes hacer en tu negocio es la que haces en ti mismo.

Esa inversión no se trata de tu conjunto de habilidades. Se trata de claridad, disciplina y liderazgo. Sí, construir un negocio requiere de un equipo. Pero todo equipo empieza con alguien que da el primer paso. Esa persona ve lo que otros no ven y actúa antes de que sea muy evidente para quienes buscan aprovechar una oportunidad empresarial.

Esa responsabilidad es tuya. No porque seas la persona más importante de la sala, sino porque la visión empezó contigo. Si no cuidas esa visión, nadie más lo hará por ti. Reserva tu tiempo para pensar. Sigue mejorando tus instintos. Nunca dejes de invertir en tu capacidad de liderar el cambio. No solo estás haciendo crecer una empresa, sino que estás definiendo un futuro. Cuanto mejor seas al mantenerte un paso adelante, más te van a seguir tu equipo, tu negocio y tu impacto.

Las empresas que ganan no se construyen solo con equipos inteligentes o sistemas sólidos, sino que están lideradas por personas que supieron ver lo que venía y actuaron antes de verse obligadas a hacerlo. La claridad no surge de esperar. Surge de avanzar con convicción, incluso cuando el camino todavía no está del todo trazado.

CONCLUSIÓN

Según todos los criterios convencionales, no se suponía que estuviera aquí. No provengo de una familia adinerada. No tenía lazos políticos, un título de la Ivy League ni un plan a seguir. Tuve que construir mi propio sistema, pieza por pieza, con herramientas limitadas y sin ninguna garantía de que funcionara. Nací en un país pequeño, en un barrio que no es conocido por formar millonarios. Sin embargo, aquí estoy.

Algunos tal vez se pregunten si lo que he hecho puede replicarse. Mi respuesta es simple: sí. Si no creyera eso, no hubiese escrito este libro.

Todo lo que he construido, cada industria en la que incursioné, cada riesgo que asumí, cada obstáculo que convertí en una oportunidad, se reduce a una sola verdad. No tienes que venir de un entorno privilegiado para crear algo poderoso. Tienes que ser lo suficientemente audaz como para empezar.

Este libro es más que una colección de lecciones de negocios. Es un modelo para la propiedad en lo que respecta a mentalidad, acción y legado. Se trata, tarde o temprano, de convertirse en el tipo de líder que no pide permiso, crea sistemas donde antes no existía ninguno y da una oportunidad cuando las puertas están cerradas.

Si hay una cosa que espero que te lleves de estas páginas es claridad: no solo sobre cómo crear un negocio, sino sobre cómo crear una vida que refleje quién eres y en qué crees. El verdadero éxito no se mide solo en ingresos, se mide en responsabilidad. Se trata de las personas que están contigo y el impacto que dejas.

En estas páginas, observaste las victorias, pero también están los contratiempos, las noches sin dormir, las batallas judiciales, las disputas políticas y los giros que ninguna hoja de cálculo puede predecir. El progreso no surge de la perfección. Proviene de la convicción. Surge de estar dispuesto a subir por las escaleras cuando el ascensor está roto, confiar en tus instintos cuando el mundo duda de ti.

No persigas las ganancias. Persigue el propósito. No escales. Crea un legado. Cuando choques contra un muro, que sucederá, recuerda lo siguiente: quienes logran salir adelante no son quienes la tuvieron más fácil. Son quienes se negaron a detenerse.

Esta no es la historia de alguien que tuvo suerte. Es la historia de alguien que eligió intentarlo, aprender, crecer y crear algo que perdure.

Donde sea que estés ahora, en la etapa de la vida o del negocio en la que te encuentres, créalo tan sólido para que nadie pueda decirte que fue suerte. Créalo con tanta claridad para que otros puedan seguirte. Créalo con tanto coraje para que otros crean que ellos también pueden.

Dijeron que no podría y lo hice. Ahora es tu turno.

BIBLIOGRAFÍA

Andrews, Garrett y Brenna Swanston. «Is College Worth It? Consider These Factors Before Enrolling». Forbes Advisor. Actualizado el 4 de junio de 2024. https://www.forbes.com/advisor/student-loans/is-college-worth-it/.

Butts, Mason. «Question of the Day: What Percentage of College Graduates Work in Their Field of Study?» Next Gen Personal Finance, 23 de enero de 2023. https://tinyurl.com/mr27pksr.

Personal del *Caribbean Journal*. «The Bahamas Just Set an All-Time Record for Visitor Arrivals». *Caribbean Journal*, 24 de enero de 2020. https://www.caribjournal.com/2020/01/23/bahamas-tourism-record-arrivals/.

Personal de DrinkStack. «How Much Does It Cost Starbucks to Make a Cup of Coffee?» DrinkStack, 9 de agosto de 2022. https://drinkstack.com/coffee/cost-starbucks/.

Comité Europeo de Protección de Datos. «What Are the GDPR Fines?» GDPR.eu, 14 de septiembre de 2023. https://gdpr.eu/fines/.

Jennings, Elena. «Progress Always Involves Risks: You Can't Steal Second Base and Keep Your Foot on First—Frederick B. Wilcox». Institute Success. Visitado el 19 de abril de 2023. https://institutesuccess.com/library/progress-always-involves-risks-you-cant-steal-second-base-and-keep-your-foot-on-first-frederick-b-wilcox/.

Massimine, Christopher. «What Every Business Owner Can Learn from Economics». Medium, 21 de noviembre de 2022. https://medium.com/geekculture/what-every-business-owner-can-learn-from-economics-a26c417d1dbe.

One Wisconsin Institute. «The Impact of Student Loan Debt on the National Economy». 13 de junio de 2013. https://drive.google.com/file/d/0B8LurBVUNQZfQVhYZWZvamlfd00/view?resourcekey=0-nFC8857PHI2stfLraRIVbg.

Riell, Howard. «Why Restaurants Fail». Restaurantowner.com, 7 de abril de 2015. https://www.restaurantowner.com/public/Why-Restaurants-Fail.cfm.

Saar, Yali. «Solopreneurs Are Changing the Face of the Economy». *Entrepreneur*, 31 de marzo de 2022. https://www.entrepreneur.com/starting-a-business/solopreneurs-are-changing-the-face-of-the-economy/420714.

Vee, Tanya. «3 Reasons Marketers Should Attend Trade Shows». *AnyPromo* (blog), 10 de enero de 2019. https://tinyurl.com/8rbvncwr.

Webster, Ian. «Inflation Rate between 1995–2022: Inflation Calculator; $1 in 1995 – 2022». Inflation Calculator. Visitado el 2 de diciembre de 2022. https://www.in2013dollars.com/us/inflation/1995?amount=1.

Worldometer. «GDP by Country». Worldometer. Visitado el 23 de abril de 2024. https://www.worldometers.info/gdp/gdp-by-country/.

NOTAS FINALES

1 Personal del Caribbean Journal, «The Bahamas Just Set an All-Time Record for Visitor Arrivals», Caribbean Journal, 24 de enero de 2020, https://www.caribjournal.com/2020/01/23/bahamas-tourism-record-arrivals/. La cifra incluye tanto a quienes visitan el país en cruceros como a quienes se alojan en las islas.

2 Ian Webster, «Inflation Rate between 1995–2022: Inflation Calculator; $1 in 1995 - 2022», Inflation Calculator, visitado el 2 de diciembre de 2022, https://www.in2013dollars.com/us/inflation/1995?amount=1. La tasa de inflación se calcula de 1995 a 2022 y asciende al 196 %. Para el texto, el cálculo se duplicó por fines prácticos. El monto anual se calcula a partir de una ganancia semanal de 700 dólares bahameños.

3 Mason Butts, «Question of the Day: What Percentage of College Graduates Work in Their Field of Study?», Next Gen Personal Finance, 23 de enero de 2023, https://tinyurl.com/mr27pksr.

4 Worldometer, «Caribbean Population (Live)», Worldometer, visitado el 5 de marzo de 2024, https://www.worldometers.info/world-population/caribbean-populationandWorldometer.

www.ingramcontent.com/pod-product-compliance
Lightning Source LLC
LaVergne TN
LVHW090605110826
845146LV00001B/273